AF131111

V&R

BERATEN IN DER ARBEITSWELT

Herausgegeben von
Stefan Busse, Heidi Möller, Silja Kotte und Olaf Geramanis

Elke Berninger-Schäfer

Methodenzauber im Online-Coaching

Vandenhoeck & Ruprecht

Mit 70 Abbildungen

Bibliografische Information der Deutschen Nationalbibliothek:
Die Deutsche Nationalbibliothek verzeichnet diese Publikation in der
Deutschen Nationalbibliografie; detaillierte bibliografische Daten sind
im Internet über https://dnb.de abrufbar.

© 2022 Vandenhoeck & Ruprecht, Theaterstraße 13, D-37073 Göttingen,
ein Imprint der Brill-Gruppe
(Koninklijke Brill NV, Leiden, Niederlande; Brill USA Inc., Boston MA, USA;
Brill Asia Pte Ltd, Singapore; Brill Deutschland GmbH, Paderborn, Deutschland;
Brill Österreich GmbH, Wien, Österreich)
Koninklijke Brill NV umfasst die Imprints Brill, Brill Nijhoff, Brill Hotei,
Brill Schöningh, Brill Fink, Brill mentis, Vandenhoeck & Ruprecht, Böhlau,
V&R unipress.

Alle Rechte vorbehalten. Das Werk und seine Teile sind urheberrechtlich
geschützt. Jede Verwertung in anderen als den gesetzlich zugelassenen Fällen
bedarf der vorherigen schriftlichen Einwilligung des Verlages.

Umschlagabbildung: VikiVector/shutterstock.com

Satz: SchwabScantechnik, Göttingen
Druck und Bindung: ⊕ Hubert & Co. BuchPartner, Göttingen
Printed in the EU

Vandenhoeck & Ruprecht Verlage | www.vandenhoeck-ruprecht-verlage.com

ISSN 2625-6061
ISBN 978-3-525-40786-8

Inhalt

Zu dieser Buchreihe

Die Reihe wendet sich an erfahrene Berater/-innen, die Lust haben, scheinbar vertraute Positionen neu zu entdecken, neue Positionen kennenzulernen und die auch angeregt werden wollen, eigene zu beziehen. Wir denken aber auch an Kolleginnen und Kollegen in der Aus- und Weiterbildung, die neben dem Bedürfnis, sich Beratungsexpertise anzueignen, verfolgen wollen, was in der Community praktisch, theoretisch und diskursiv en vogue ist. Als weitere Zielgruppe haben wir mit dieser Reihe Beratungsforscher/-innen, die den Dialog mit einer theoretisch aufgeklärten Praxis und einer praxisaffinen Theorie verfolgen und mit gestalten wollen, im Blick.

Theoretische wie konzeptuelle Basics als auch aktuelle Trends werden pointiert, kompakt, aber auch kritisch und kontrovers dargestellt und besprochen. Komprimierende Darstellungen »verstreuten« Wissens als auch theoretische wie konzeptuelle Weiterentwicklungen von Beratungsansätzen sollen hier Platz haben. Die Bände wollen auf je rund 90 Seiten den Leser/-innen, die Option eröffnen, sich mit den Themen intensiver vertraut zu machen als dies bei der Lektüre kleinerer Formate wie Zeitschriftenaufsätzen oder Hand- oder Lehrbuchartikeln möglich ist.

Die Autorinnen und Autoren der Reihe werden Themen bearbeiten, die sie aktuell selbst beschäftigen und umtreiben, die aber auch in der Beratungscommunity Virulenz haben und Aufmerksamkeit finden. So werden die Texte nicht einfach abgehangenes Beratungswissen nochmals offerieren und aufbereiten, sondern sich an den vordersten Linien aktueller und brisanter Themen und Fragestellungen von Beratung in der Arbeitswelt bewegen. Der gemeinsame Fokus liegt dabei auf einer handwerklich fundierten, theoretisch verankerten und gesellschaftlich verantwortlichen Beratung. Die Reihe versteht sich dabei als methoden- und Schulen übergreifend, in der nicht einzelne Positionen prämiert werden, sondern zu einem transdisziplinären und interprofessionellen Dialog in der Beratungsszene anregt wird.

Wir laden Sie als Leserinnen und Leser dazu ein, sich von der Themenauswahl und der kompakten Qualität der Texte für Ihren Arbeitsalltag in den Feldern Supervision, Coaching und Organisationsberatung inspirieren zu lassen.

Stefan Busse, Heidi Möller, Silja Kotte und Olaf Geramanis

Einleitung

Die Online-Durchführung von Coaching, Supervision, Beratung und Psychotherapie hat nicht erst durch die Corona-Krise an Bedeutung gewonnen, ist aber durch diese zu einer Notwendigkeit für die Anbieter:innen in diesen Themenfeldern geworden. Die tiefgreifenden medialen Veränderungen, die in großer Geschwindigkeit in kurzer Zeit vonstattengegangen sind, haben weitreichende Implikationen auf gesellschaftliche, psychologische, wirtschaftliche und politische Zusammenhänge. Somit stellt sich die Frage, welche Folgen sich daraus für professionelle Vorgehensweisen in Coaching, Psychotherapie, Supervision und Beratung ergeben. Diese müssen sich auf die Medialisierung der Lebens- und Arbeitswelten genauso einstellen, wie alle anderen Bereiche auch.

Kapitel 1 dieses Buches beschäftigt sich daher auch mit der Medialisierung der Lebens- und Arbeitswelten, auch in ihren negativen Auswirkungen auf Coaching und verbindet diese Entwicklung mit den aktuellen Trends im Coaching. Hier steht die digitale Kompetenz für die Zukunftsfähigkeit von Coaching, Supervision, Beratung und Psychotherapie an erster Stelle. Zu dieser digitalen Kompetenz gehören die Medienkompetenz, die Medienkommunikationskompetenz, sowie die Kompetenz, Beziehungen online zu gestalten, professionelle Prozesse zu steuern und hierfür professionelle Online-Tools einzusetzen. Damit sollen insbesondere die negativen Seiten der Online-Vorgehensweisen ausgeglichen werden, auf welche ebenfalls kurz eingegangen wird.

Für ein sinnvolles methodisches Vorgehen ist eine konzeptuelle Basis unerlässlich. Kapitel 2 erläutert diese, um die Bedeutung von

Tools, Techniken und Interventionen einzuordnen. Ein methodenorientierter Charakter steht im Vordergrund dieses Buches. Bei Online-Vorgehensweisen stellt sich insbesondere die Frage, wie z. B. handlungsorientierte Methoden eingesetzt werden können. Dies wird mit einem Fallbeispiel einer systemischen Aufstellung mit Avataren im dreidimensionalen Raum verdeutlicht.

Kapitel 3 beschäftigt sich mit Methoden im Online-Coaching und führt am Beispiel der CAI®[1] Plattform in verschiedene Online-Tools ein. Da die Entwicklung einer Schreibkompetenz sowohl für synchrone (zeitgleiche) als auch für asynchrone (zeitversetzte) Vorgehensweisen zum Basisverhalten gehört, wird ihr eine besondere Aufmerksamkeit gewidmet. Es werden verschiedene Online-Formate vorgestellt, die Prozessabläufe beispielsweise für Business-Coaching oder Teamcoaching enthalten. Ausführungen zum Formatbegriff finden sich unter Abschnitt 3.2. Die Arbeit mit dem Whiteboard wird an einem Fallbeispiel illustriert.

Da auch im Online-Geschehen die Arbeit mit ganzheitlichen Erlebenszuständen der Klient:innen das professionelle Vorgehen auszeichnet, besteht die Herausforderung darin, auf emotionalen und physiologischen Ebenen zielführend zu arbeiten. Hierzu können bildhafte Darstellungen genutzt werden. In die Möglichkeiten verschiedener Visualisierungstools führt ebenfalls Kapitel 3 ein und beschreibt mit einem Fallbeispiel den Umgang mit körperlichen Reaktionen im Online-Coaching.

Das Innere Team und die systemische Aufstellung sind sehr bewährte Methoden im Coaching, in der Supervision und in der Psychotherapie. Sie werden in den Kapiteln 4 und 5 in ihrer Online-Anwendung mit Fallbeispielen dargestellt.

Kapitel 6 behandelt Konfliktcoaching. In seiner Online-Anwendung bietet es einen reichen Schatz an Möglichkeiten, sowohl im Mehrpersonen-Setting als auch in der Begleitung von einzelnen Klient:innen bei der Bearbeitung und Lösung von Konflikten. Das

---

1   CAI ist eine eingetragene Marke der CAI GmbH.

Coachingbeispiel einer Klientin in einer akuten Konfliktsituation verbindet die systemische Aufstellung und die Arbeit mit Bildmaterialien mit dem Einsatz eines spezifischen Online-Tools zur Konfliktlösung.

Methodenzauber entsteht insbesondere auch durch die kreative Anwendung und spielerische Kombination vorhandener Online-Tools. Hierzu werden einige Beispiele in Kapitel 7 gezeigt. Diese können in verschiedenen Prozessphasen und Formaten eingesetzt werden. Das Beispiel eines Teamcoachings rundet diese Ausführungen ab.

Der Einblick in die vielfältigen Methoden im Online-Coaching (mit Seitenblick auf Supervision, Beratung und Psychotherapie) soll einerseits die Professionalisierung der Coachs stärken und sie andererseits auch dabei unterstützen, ihr Tun als ressourcenvollen Zustand zu erleben, denn die Trancephänomene im Online-Coaching und insbesondere auch der kreative Tool-Einsatz steigern die Freude am Tun und eröffnen viele spannende Gestaltungsmöglichkeiten.

1 Aktuelle Anforderungen an die digitale Kompetenzentwicklung

Die Digitalisierung betrifft als evolutionäre bzw. revolutionäre Veränderung inzwischen die meisten Lebens- und Arbeitsbereiche. Damit gehen tiefgreifende, gesellschaftliche Veränderungen einher, die die Automatisierung von Produktketten genauso betreffen, wie die Vernetzung von Menschen und Gegenständen, die Veränderung des kommunikativen Verhaltens und von Interaktionsmustern, die Abwicklung von Geschäftsprozessen, das Freizeit- und Arbeitsverhalten, das Kaufverhalten, den Umgang mit Wissen und die Veränderung von Werten. Hierauf weisen beispielsweise Thiery (2014) und bereits Döring (2007) hin. Big Data und künstliche Intelligenz stellen neue Möglichkeitsräume und gleichzeitig massive Bedrohungsszenarien dar, auf die Yuval Harari (2019) sehr eindrücklich hinweist, wenn er die Auswirkungen intelligenter Maschinen, der Gentechnik und des Bioengineerings auf Zusammenleben und Umwelt beschreibt. Mit den Auswirkungen dieser Entwicklungen auf Coaching beschäftigen sich Böning und Strikker (2020) und rufen zu einem fachlichen Diskurs, damit Coaching nicht zukünftig nur ein Nischendasein fristet, sondern eine verantwortungsvolle Rolle in der Gesellschaft übernimmt. Die Auseinandersetzung mit digitalen Kompetenzen ist auf diesem Hintergrund unerlässlich.

1.1 Die Medialisierung der Lebens- und Arbeitswelten

Die Generation der sogenannten Digital Natives ist nahezu permanent online, interagiert in rasanter Geschwindigkeit mit anderen, erhält schnell Informationen und bewegt sich selbstverständlich in zwei- und dreidimensionalen Spiele- und Lernwelten. Immersiert in diese können sich die Nutzer:innen ein Alter Ego (Avatar) geben, , konkurrieren und gewinnen, Abenteuer er- und Phantasien ausleben (Ahn, Bailenson u. Park, 2014; Bredl, Bräutigam u. Herz, 2012 Trepte u. Reinecke, 2013).

Die gleichzeitige physische Präsenz an einem Ort von Individuen wird nebensächlich für Austausch und Beziehungsgestaltung. Para- und nonverbale Signale des face-to-face Kontaktes werden in der schriftlichen Kommunikation durch Emoticons und Akronyme ersetzt. Emotionen werden auf Distanz ausgelebt. Dies zeigt Cyber-Mobbing als negative Auswirkung, während positive Entwicklungen ermöglicht werden, wenn gleichgesinnte Unterstützer:innen in (teilweise globalen) Netzwerken gefunden werden, Menschen sich online verlieben oder über Grenzen hinweg solidarisieren (Six, Gleich u. Gimmler, 2007).

Das bedeutet, dass die professionelle, qualitativ hochwertige, wissenschaftlich fundierte Online-Durchführung von Coaching, Beratung, Supervision und Psychotherapie ein notwendiges Entwicklungsfeld für die Zukunftsfähigkeit dieser Dienstleistungen darstellt. Damit wird unter anderem der inzwischen selbstverständlich gewordenen Erwartungshaltung Rechnung getragen, dass im Internet sofort alles zu finden sei, was für die eigene Lebensgestaltung wichtig ist. Es entsteht eine On-Demand-Wirtschaft, die sich auch auf den Dienstleistungsbereich auswirkt.

An der Hochschule Erding wurde durch eine Gruppe von organisationsinternen Coachs des Deutschen Bundesverbandes Coaching (DBVC) – beschäftigt bei der Flughafen München GmbH, bei SAP und Thyssen-Krupp – eine Befragung von Studierenden und jüngeren Beschäftigten (den potentiellen Führungskräfte von Morgen) durchgeführt. Bearbeitet wurden folgende Schwerpunktthemen:

▶ Wie sehen Coaching-Klient:innen der Zukunft aus?
▶ Welche Produktdesigns werden sie im Coaching präferieren?
▶ Wie stehen heute junge Menschen zum Coaching der Zukunft?

Es zeigte sich, dass von allen befragten Items, der Wunsch nach Coach on Demand, also die sofortige Abrufbarkeit von Coaching, im Vordergrund stand.

1.2 Auswirkungen und Herausforderungen für das Coaching

Mit dem Verlauf der Corona Pandemie verläuft das berufliche Leben in vielen Bereichen virtuell und im Homeoffice. Auch nach Ende der Pandemie ist zu erwarten, dass die virtuelle Interaktion und das zumindest zeitweise Arbeiten im Homeoffice zum Alltag gehören werden. Beides hat Vorteile, aber auch deutliche Nachteile, die sich nach über einem Jahr zunehmend zeigen und zur neuen Wortschöpfung der Zoom Fatigue bzw. des WFH (Work-from-Home) Burnout geführt haben. Mit Zoom Fatigue (Zoom-Müdigkeit) ist ein Erschöpfungssyndrom aufgrund von langanhaltenden, virtuellen Interaktionen (virtueller Kommunikation und Kooperation) gemeint. Die App Zoom steht stellvertretend für Videokonferenzsysteme und Fatigue bedeutet im Englischen Müdigkeit oder Erschöpfung (Holländer, 2021). Unter Leitung von Frau Prof. Dr. Jutta Rump vom ibe: Institut für Beschäftigung und Employability in Ludwigshafen wurde eine Befragung im Dezember 2020 durchgeführt (Rump u. Brandt, 2020). Es nahmen 422 Geschäfsführer:innen, Führungskräfte, Personalleiter:innen, HR-Expert:innen, sowie Betriebs- und Personalräte teil. Insgesamt erlebten fast 12 % der Befragten immer Zoom-Müdigkeit und 83,8 % der Befragten erlebten regelmäßig Zoom-Müdigkeit.

Bei diesen Personen wurden folgende Belastungskriterien identifiziert, die in drei Kategorien unterteilt werden können:
1. Interpersonelles
   - Fehlende nonverbale Hinweisreize
   - Fehlen von Gestik und Mimik
   - Kein Small Talk
   - Eingeschränktes Netzwerken

2. Organisatorisches
   - Versachlichung
   - Zu enge Taktung
   - Geringe Effizienz
   - Fehlen von Socializing, Humor
3. Technisches (Abnahme im Zeitraum September bis Dezember 2020)
   - Gestörter Gesprächsfluss durch Zeitverzögerungen
   - Notwendigkeit erhöhter Konzentration bei schlechter Audio-verbindung
   - Frustration durch instabile Internetverbindungen

Insgesamt stellt das Fehlen sozialer Hinweisreize für das menschliche Gehirn eine große Herausforderung dar, da sie zur Dekodierung und Einschätzung von Verhalten genutzt werden. Bei Galerieansichten versucht das Gehirn Entschlüsselungen vorzunehmen, was bei virtueller Kommunikation mit einer Irritation einhergeht, da sie nur reduziert vorhanden sind. Gleichzeitig ist die Aufmerksamkeit sehr intensiv auf den Sachinhalt und den verbalen Austausch fokussiert. Bei Online-Konferenzen weiß man nicht, wann man von wem angesehen wird, was den Stress erhöht, da mehr Selbstaufmerksamkeit gefordert ist. Die gewohnte, kontextabhängige Einnahme von Rollen, Beziehungen, Aktivitäten und Zielen (z. B. im Beruf, beim Sport, in der Familie, bei Freizeitaktivitäten) wird drastisch reduziert, wenn Interaktion ausschließlich am gleichen Ort und vor dem Bildschirm stattfindet.

Bezogen auf Coaching ist auch zu beachten, dass die Fahrten zum Coach und wieder zurück, für viele Klient:innen eine wertvolle Reflexionszeit darstellen. Diesem Bedürfnis sollte mit gezielten Aufgaben zur Vor- und Nachbereitung der Coachingsitzung durch den Coach entgegengekommen werden. Es ist dabei zu beachten, dass Klient:innen ihre Online-Coaching-Sitzung in einen oft ohnehin schon randvollen Terminkalender einschieben, so dass sie von einem Online-Meeting in ihr Online-Coaching wechseln und so gleich wieder in der nächsten Online-Sitzung landen. Hier ist bewusste Grenzsetzung, gezielte Pausennutzung, Momente der Stille, des Innehaltens und der Reflexion im Sinne eines achtsamen Umgangs mit sich selbst gefragt, Themen, die auch im Online-Coaching bearbeitet werden sollten, um dieses Coaching so zu rahmen, dass es für die Klient:innen den größtmöglichen Gewinn darstellt. Kürzere und häufigere Einheiten sollten für Online-Coaching zu bevorzugten Settings werden.

Es kann auch sein, dass das Online-Coaching in einem nicht professionellen, privaten Ambiente stattfindet oder in einer Umgebung, in welcher die Klient:innen leicht Störungen ausgesetzt sind (Familienumgebung, Großraumbüro, von unterwegs, etc.). Des Weiteren besteht immer die Abhängigkeit von technischen Voraussetzungen (Hardware, wie Headset und Kamera, auditive und visuelle Qualität der Kommunikation) und einer stabilen Internetverbindung. Für eine vertiefte Auseinandersetzung mit weiteren möglichen Nachteilen des Online-Coachings bietet Berninger-Schäfer (2018) eine ausführliche Übersicht.

1.3 Trends im Coaching

Die Coronapandemie hat seit 2020 die Medialisierung auch in Bereiche hineingetragen, die noch nicht von der Digitalisierung in dem oben beschriebenen Ausmaß erfasst worden waren. Dies betrifft unter anderem auch die Branche der Coachs, Supervisor:innen, Psychotherapeut:innen und Berater:innen. Hier herrschte die Vorstellung vor, dass eine Beziehungsgestaltung online nicht in der Form möglich sei wie im Face-to-face-Setting und dass die Online-Durchführung um wesentliche kommunikative und methodische Elemente beraubt sei. Des Weiteren wurde angenommen, dass über den Einsatz einer Audio-Videokommunikation das face-to-face Verhalten einfach übertragen werden könne, wenn auch mit Einschränkungen (Berninger-Schäfer, 2020).

Die naiven Vorstellungen, dass im Online-Coaching wichtige Elemente des Coachings fehlen würden, bzw. dass es im besten Falle identisch mit Face-to-face-Coaching sei, nur eben online durchgeführt, erscheinen alarmierend, wenn man sich die Ergebnisse der Delphi-Studie zur Zukunft des Coachings von Schermuly, Wegener, Ackermann und Graßmann anschaut (2021). In einem Interview mit Thomas Webers berichtete Carsten Schermuly über die wichtigsten Trends, die sich aus dieser Studie für ein Szenario bis 2030 abzeichnen (Webers, 2020).

1. Coachs brauchen eine ausgeprägte digitale Designkompetenz, das bedeutet, dass Sie Coaching individualisiert und flexibel in verschiedenen Formaten, sowohl online als auch offline, in kurzen und langen Einheiten anbieten müssen.

2. Coachs begleiten Unternehmen im Change-Prozess zu New Work im Sinne der Transformation zu Selbstorganisation und Agilität und brauchen das hierfür nötige Know-How.

Der erste Punkt spricht klar für die Notwendigkeit der differenzierten Auseinandersetzung mit Online-Coaching und der Professionalisierung in diesem Bereich.

Der zweite Punkt geht mit dem Trend zum Agilen Coach einher. Agile Coachs sollten über ein konzeptbasiertes und methodisch breites Vorgehen im Coaching und zusätzlich über Kompetenzen in Change Management und agiler Prozesssteuerung verfügen.

1.4 Digitale Kompetenz

Wenn also die Notwendigkeit einer digitalen Kompetenz unerlässlich ist und im Trend steht, braucht es die Entwicklung digitaler Kompetenzfelder im Coaching – wobei Online-Coaching nicht einfach als Coaching über Medien verstanden werden sollte. Der Einsatz von Medien allein ist noch keine Professionalisierung im Online-Coaching. Dies gilt auch für Supervision, Psychotherapie und Beratung. Es sind vielmehr mehrere Kompetenzfelder zu entwickeln, damit Online-Anwendungen in den genannten Themenfeldern zu einer ethisch und wissenschaftlich fundierten Dienstleistung werden und damit den in Kapitel 1.1. skizzierten negativen Konsequenzen von Online-Vorgehensweisen entgegengewirkt werden kann.

1.4.1 Medienkompetenz

Zusätzlich zur Auseinandersetzung mit theoretischen Ansätzen der Medien- und Kommunikationspsychologie und ihren Konsequenzen für die Praxis ist die Medienkompetenz für Online-Coaching, -Beratung, -Psychotherapie und -Supervision unerlässlich, da der Medieneinsatz die Grundlage jeglichen Vorgehens darstellt. Hierzu gehören nicht nur die Fähigkeit Medien zu bedienen und Klient:innen für diese Bedienung anleiten zu können, sondern auch eine adäquate Ausstattung und die Gewährleistung von Datenschutz (Firmen- und Serverstandort, Verschlüsselung, Sicherheitszertifikate, usw.). Professionelle Anbieter:innen müssen beurteilen können, mit welchem Medium, welcher Plattform und welchen Tools sie ihrem Auftrag gerecht werden und müssen in diesem Sinne medienkundig sein und die Fähigkeit besitzen, sich kritisch mit dem Gebrauch verschiedenster Medien auseinanderzusetzen.

Die Verwirklichung des Anspruchs einer digitalen Kompetenz beginnt mit der Entscheidung darüber, welches Medium mit welchen Tools eingesetzt wird. Folgende Möglichkeiten sind denkbar:

- ▶ ein Kommunikationsmedium zur Online-Kommunikation über Text, Audio, Video,
- ▶ eine unspezifische Plattform, die zusätzlich zur Online-Kommunikation i. d. R. auch über ein Dokumentenmanagement und eine Desktopfreigabe verfügt,
- ▶ ein einzelnes Tool, wie z. B. Whiteboard, ein Frageset oder Visualisierungssymbole,
- ▶ eine integrierte Plattform, die die vorher genannten Möglichkeiten kombiniert und zusätzlich spezifische, interaktive Online-Tools

für Coaching, Supervision, Psychotherapie und Beratung (z. B. Bildmaterialien, systemische Aufstellungen, Möglichkeiten zur Arbeit mit dem Inneren Team, Konfliktlösedreiecke, Ressourcenbäume) bereithält.

1.4.2 Medienkommunikationskompetenz

Zusätzlich zur technischen Ausstattung und Medienkompetenz braucht es eine Medienkommunikationskompetenz. Hierzu gehören Lese- und Schreibkompetenz für die schreibbasierte Kommunikation, sowie Sprech- und Hörkompetenz für die auditive Kommunikation. Diese Kompetenzbereiche wurden an verschiedenen Stellen beschrieben (Berninger-Schäfer, 2018; Knatz u. Schumacher, 2019; Ploil, 2009; Ribbers u. Waringa, 2015; Winkler, 2017).

Da die visuellen Möglichkeiten auch bei der Benutzung der Videokommunikation eingeschränkt sind, ist die Kompetenz mit spezifischen Visualisierungstools zu arbeiten, besonders wichtig. Der Einsatz von Visualisierungstools ist ein Schwerpunktthema dieser Veröffentlichung, während auf die Schreib-, Lese-, Sprech- und Hörkompetenz nur verkürzt eingegangen wird (siehe Kapitel 3).

1.4.3 Konzeptuelle Kompetenz

Professionalität im Online-Coaching setzt eine konzeptuelle, methodische und ethisch fundierte Qualifikation im Coaching gepaart mit digitaler Kompetenz voraus. Dies gilt auch für Supervision, Beratung und Psychotherapie. Für die konzeptionelle Fundierung der Online-Anwendungen kann man sich auf theoretische Modelle aus der Medien- und Kommunikationspsychologie stützen. Während bestimmte Ansätze, wie z. B. die sogenannte »lack of social context cues theory« – die den Mangel an Hinweisen auf den sozialen Kontext hervorhebt, (Kiesler, Siegel u. McGuire, 1984) – oder die Kanalreduktionstheorie, (Trepte u. Reinecke, 2018) computervermittelte Kommunikation als defizitär beschreiben, werden zunehmend auch Vorteile dieser Kommunikationsform untersucht, z. B. beim »Hyperpersonal Model« (Walther, 2011). Zu einem solchen Vorteil wird beispielsweise die Trennung von aufgaben- und beziehungsorientierten Aspekten bei der computervermittelten Kommunikation (englisch: disentrainment) gezählt.

Des Weiteren braucht es Wissen über wissenschaftlich fundierte Wirkfaktoren im Online-Geschehen. Hierzu liegen Studienergebnisse aus der Psychotherapie- und Coachingforschung vor, die belegen, dass Online-Anwendungen in Therapie und Coaching effektiv sind (Andersson u. Cuijpers, 2009; Andersson, Cuijpers, Carlbring, Riper u. Hedman, 2014; Anthony, 2015; Batastini, Paprzycki, Jones u. MacLean; 2021; Berger u. Andersson, 2009; Eichenberg u. Ott, 2011; Künzli u. Deplazes, 2020; Poepsel, 2011; Reindl, 2015; Schultze, 2006; Wagner, Horn u. Maercker, 2014). Sie geben Hinweise darauf, welches Wissen und welche Kompetenzen aufgebaut werden müssen, damit ein zukunftsfähiges, professionelles Beratungsverhalten online ermöglicht wird. Gut untersucht ist die erhöhte Selbstoffenbarung (auch von hoch emotionalen, schambesetzten Themen), das stärkere Gefühl der Kontrolle, der stärkere Fokus auf sich selbst und die Themen des Coachings, die erhöhte Selbstreflexion, die emotionale Beziehungsgestaltung und der erhöhte Transfererfolg (Boos u. Jonas, 2008; Brunner, 2009; Döring 2007; Geissler, 2011; Gieselmann u. Pietrowski, 2016; Knatz, 2009; Poepsel, 2011; Six, Gleich u. Gimmler, 2007; Schütz u. Rentzsch, 2007). Die Erhöhung genannter Parameter liegt in der engmaschigen Umsetzungsbegleitung begründet, die durch den Gebrauch von Online-Anwendungen ermöglicht wird (Ribbers u. Waringa, 2015; Geißler u. Metz, 2012). Kurze virtuelle Einheiten, bei denen Coachs nach dem Stand der Zielerreichung fragen, Ressourcen aktivieren und in Rückkoppelungsschleifen Anpassungen von Zielen und Lösungen vornehmen, können zu einer verbesserten Transferunterstützung führen.

Zum Aufbau einer digitalen Kompetenz gehören neben den bereits genannten Kompetenzfeldern (Medienkompetenz, Medienkommunikationskompetenz, Wissen und Anwenden von wissenschaftlich fundierten Wirkfaktoren im Online-Coaching) die Fähigkeit zur Gestaltung von tragfähigen, vertrauensvollen, empathischen und konstruktiven Beziehungen, die Online-Steuerung von lösungsorientierten und zieldienlichen Prozessabläufen und der Einsatz von hierfür hilfreichen professionellen Online-Tools. Hierfür ist Professionalisierung nötig, so dass eine Qualifikation in Online-Coaching, -Supervision, -Psychotherapie und -Beratung eine Selbstverständlichkeit sein sollte.

1.4.4 Weiterbildungen in Online-Coaching

Weiterbildungsangebote im Online-Coaching haben nach der Coronapandemie zugenommen. Im Folgenden werden diejenigen genannt, die sich seit Längerem am Markt mit einem wissenschaftlichen Anspruch etabliert haben und deren Konzepte in Veröffentlichungen nachvollziehbar sind.

Das Institut für Angewandte Psychologie (IAP) der Zürcher Hochschule für Angewandte Wissenschaften (ZHAW) bietet seit 2012 einen Weiterbildungskurs in Online-Beratung für erfahrene Coachs und Psychotherapeut:innen an. Hier werden Kompetenzen der schreibbasierten und integrierten Kommunikation (Video, Audio, textbasiert plus Formate und Tools der CAI Plattform) und die Durchführung von Online-Coaching geschult (Künzli u. Deplazes, 2020).

Unter dem Label »Online-Coaching-Lernen« bieten Geissler und Metz eine online basierte Coachingausbildung in Kooperation mit der Hamburger Fern-Hochschule (HFH) an. Es handelt sich um eine Zusatzausbildung für bereits zertifizierte Coachs oder für Personen mit einem entsprechenden Erfahrungswissen. Die Ausbildung beinhaltet zehn Kernmodule und bezieht sich auf Telefon- und Videocoaching, auf Coaching per E-Mail und den Einsatz von elektronischen Problemlösetools [2].

---

2   An dieser Stelle sei auf die Internetquellen am Ende des Buches verwiesen.

Eine Zusatzqualifikation für bereits erfahrene Coachs, Supervisor:innen und Berater:innen bietet das Karlsruher Institut seit 2013 und die Integration der Online-Kompetenz in die grundständigen Weiterbildungen zum Business-Coach und Health-Coach seit 2017 an. Neben der technischen Kompetenzentwicklung werden die Steuerung von Online-Prozessen in Coaching und Supervision geschult, die Gestaltung der Online-Beziehung, der Einsatz von Online-Tools, sowie die Anwendung von verschiedenen Online-Formaten, z. B. zum Einzel- und Gruppencoaching, zur Intervision, zur Online-Teamentwicklung und zum Online-Konfliktmanagement. Die Weiterbildungen des Karlsruher Instituts können mit einem Hochschulzertifikat in Kooperation mit der Hochschule der Wirtschaft für Management in Mannheim abgeschlossen werden bzw. sind Teil des MBA »Digital Leadership und Coaching« in Kooperation mit der Hochschule für Technik und Wirtschaft Karlsruhe.

In den Ausbildungen sollten die Teilnehmer:innen so qualifiziert werden, dass sie folgende Fragen beantworten können:

- ▶ Wie kann das Fehlen sinnlicher Reize beim Online-Coaching kompensiert werden?
- ▶ Wie werden Emotionen online transportiert und bearbeitet?
- ▶ Wie werden Missverständnisse vermieden oder reduziert?
- ▶ Wie kann eine empathische, wertschätzende und konstruktive Beziehung online gestaltet werden?
- ▶ Wo sind Grenzen der computervermittelten Kommunikation?
- ▶ Wie können Coachingprozesse sinnvoll gestaltet werden?
- ▶ Wie kann das professionelle Methodenrepertoire auch online umgesetzt werden?
- ▶ Wie kann Coaching online im Einzel-, Gruppen- und Teamsetting durchgeführt werden?
- ▶ Wie erhöhen Coachs ihre Design- und Format-Kompetenz?
- ▶ Wie entwickeln Online-Coachs ihr Profil und gestalten ihre Marktpräsenz?

Im Folgenden soll der Fokus der Ausführungen auf der Umsetzung eines ausgewählten Methodenrepertoires im Online-Geschehen liegen. Da dieses Methodenrepertoire sowohl im Coaching, als auch in der Supervision, der Psychotherapie und Beratung genutzt wird, sind immer alle vier Tätigkeitsbereiche gemeint, wenn sich die Beschreibungen auf Coaching beziehen.

2 Verständnis von Coaching und Bedeutung von Tools

In ihrem Artikel zu Coachingdefinitionen und -konzepten weisen Greif, Möller und Scholl darauf hin, dass die definitorische Festlegung von Coaching zwar eine elementare professionelle Anforderung sei, jedoch unterschiedlich ausfalle, je nach dem zugrunde liegenden Konzept, auch in Abhängigkeit von unterschiedlichen Wissenschaftsauffassungen und Marktinteressen (2017). Eine einheitliche Definition liegt bei der Vielzahl der Konzepte bisher nicht vor.

Es obliegt den einzelnen Anbieter:innen, ihre konzeptuelle Fundierung und deren methodische Umsetzung darzustellen. Im Idealfall orientiert sich die konzeptuelle Fundierung an wissenschaftlichen Forschungsergebnissen. Da an dieser Stelle nicht ausführlich darauf eingegangen werden kann, soll verwiesen auf die bereits mannigfaltig vorhandene Lektüre verwiesen werden (Graßmann, Schölmerich u. Schermuly, 2020; Grant, 2014, 2013; Greif, 2008; Künzli, 2009; Künzli u. Seiger 2011; Passmore, Peterson u. Freire, 2013; Stober u. Grant, 2006; Theeboom, Beersma u. van Vianen, (2014).

2.1 Das Coaching-Konzept der Karlsruher Schule

Im Folgenden wird exemplarisch aus der Vielfalt möglicher Coaching-Konzepte das systemisch-lösungsorientierte der Karlsruher Schule dargestellt, da dieses die Grundlage für die folgenden online durchgeführten Fallbeispiele bildet und auf der CAI Plattform umgesetzt ist, die im Rahmen der geschilderten Online-Coachings genutzt wurde. Dieses Konzept integriert klientenzentrierte, hypnosystemische und neurowissenschaftliche Erkenntnisse und berücksichtigt wissenschaftlich fundierte Wirkfaktoren im Coaching (Greif, 2008, Künzli, 2009, Künzli u. Steiger, 2011, Künzli u. Deplazes, 2020, Grant 2012; 2013; 2014; Roth u. Ryba, 2016). Als Karlsruher Schule ist dieses Konzept mehrfach dargestellt worden, so dass es an dieser Stelle nur kurz skizziert wird (Berninger-Schäfer, 2018; 2015; 2011; Berg u. Berninger-Schäfer, 2010).

Coaching wird dabei als ergebnisorientierte Prozessbegleitung verstanden, bei welcher ein Coach einen ziel- und lösungsorientierten Prozess steuert, die Aufmerksamkeit auf Ressourcen richtet, die Selbstwirksamkeit der Klient:innen stärkt, somatische Marker für positive Zielzustände nutzt, Transfer ermöglicht und sein Handeln evaluiert.

Der Prozessablauf beinhaltet acht Phasen, welche folgende Wirkfaktoren umsetzen:

1. motivationale Klärung,
2. Selbstreflexion,
3. Selbstwirksamkeit,
4. Ressourcenorientierung,
5. Zielklärung in einem emotional positiven Zustand (Musterzustandsänderung),
6. Lösungssuche,
7. Transferunterstützung,
8. Evaluation.

Diese Wirkfaktoren werden in einzelnen Prozessphasen umgesetzt, welche allerdings nicht linear verlaufen, sondern in vielen Rückkoppelungsschleifen gestaltet werden:

1. Anliegenklärung,
2. Situationsbeschreibung,
3. Ressourcenaktivierung,
4. Musterzustandsänderung,
5. Zielfindung,
6. Lösungssuche,
7. Maßnahmenplanung,
8. Evaluation.

Der Prozess unterstützt Kient:innen dabei, ihre Themen zu reflektieren und ihre Veränderungsanliegen zu klären, um so selbstkongruente Ziele zu finden und Maßnahmen zur Zielerreichung mit einer größtmöglichen Umsetzungswahrscheinlichkeit zu planen.

Aufgrund von neurowissenschaftlichen Erkenntnissen wir davon ausgegangen, dass Klient:innen im Problemzustand keinen guten Zugang zu ihren Ressourcen und ihrer Kreativität haben, welche notwendig sind, um Handlungsoptionen in Problem-, Entscheidungs-, Krisen- und Konfliktsituationen zu erhalten. Im Problemzustand gehen negative Gedanken mit negativen Gefühlen und den dazu passenden physiologischen Reaktionen einher. Es herrscht ein ganzheitliches Problemmuster vor, welches neuronal abbildbar ist. Es ist wichtig, diesen Zustand zu explorieren um Verständnis herzustellen und eine erste emotionale Entlastung zu bieten. Aus diesem Zustand heraus werden jedoch keine Ziele und Lösungen entwickelt. Es werden vielmehr Einladungen gegeben, diesen Zustand zu verlassen, um Kreativität und Perspektivenvielfalt zu ermöglichen. Entscheidend hierfür ist die Erkenntnis, dass eine Veränderungsintention nur dann in zielorientiertes Verhalten umgesetzt werden wird, wenn im emotionalen Erfahrungsgedächtnis eine positive Bewertung dieser Handlungsabsicht ausgelöst werden kann. Somatische Marker geben Auskunft über diese emotionale Bewertung, welche im limbischen System stattfindet und daher dem Bewusstsein gar nicht oder nur sehr schwer zugänglich ist (Damasio, 1997, Gigerenzer 2007, Grawe, 2000, Heckhausen u. Heckhausen, 2010, Roth, 2003, Storch u. Krause, 2007). Die Änderung eines solchen Problemmusters und die Einnahme eines Lösungsmusters (emotional positiv besetzt) wird als Musterzustandsänderung bezeichnet. Sie führt dazu, dass diejenigen Ziele und Lösungen gefunden werden, die auch eine hohe Umsetzungswahrscheinlichkeit haben. Interventionen auf der rein kognitiv-sprachlichen Ebene haben somit nur geringen Einfluss auf Veränderung (Ryba u. Roth, 2017). Es müssen vielmehr vorbewusste bzw. unbewusste Teile des Gehirns erreicht werden. Diese befinden sich in unterschiedlichen Arealen des limbischen Systems. Um mit ihnen in Kontakt zu treten sind assoziative, emotionsfokussierende und körperorientierte Methoden hilfreich. Der Anspruch einer ganzheitlichen Bearbeitung von Themen mit ihren für die betreffende Person kognitiven, emotionalen und körperlichen Bezügen muss daher auch im Online-Coaching bestehen. Gleichfalls gilt die ethische Fundierung professionellen Coaching sowohl für face-to-face Coaching als auch für Online-Coaching. Diese wird in den Ethikrichtlinien für Coaching und auch für Online-Anwendungen in Coaching, Therapie, Supervision und Beratung beschrieben und sind auf der Website des Instituts abrufbar.

2.2 Methoden im Coachingprozess

Die Steuerung der in Kapitel 2.1. genannten Prozessphasen bietet einen Rahmen an, innerhalb dessen die Themen durch die jeweiligen Klient:innen selbstorganisiert bearbeitet werden. Um es mit von Schlippe und Schweitzer zu sagen: »Die Kunst liegt eher darin, die Spannung zwischen Arrangement und Improvisation zu nutzen und darin ein kreatives Feld zu schaffen« (2010, S 16). Zur Kreativität dieses Feldes gehört der Methodeneinsatz. Wenn auch die Steuerung eines Coachingprozesses eine bestimmte Schrittfolge beinhaltet, so ist die konkrete Durchführung immer maßgeschneidert für die betreffenden Klient:innen. Die Methoden zur Steuerung des Prozesses selbst haben dabei keinen Selbstzweck. Sie sind für sich genommen unwichtig und erhalten erst ihre Bedeutung, wenn sie an einer bestimmten Stelle des Prozesses zu einem bestimmten Zweck eingesetzt werden (Berninger-Schäfer, 2017b). Hierfür braucht es eine konzeptuelle Grundlage.

Die Begriffe Methoden, Tools, Techniken und Interventionen werden häufig synonym gebraucht. Genau genommen unterscheiden sie sich insofern, als dass man sie auf unterschiedlichen Konkretisierungsebenen betrachten kann. Die Methode kann beschrieben werden als der Weg, der zum Ziel gewählt und im Idealfall aus einer Theorie abgeleitet wird (Messerschmidt, 2015). So kann man z. B. den

Wechsel zwischen verschiedenen Perspektiven als Methode für die Erweiterung der Deutungs- Entscheidungs- und Handlungsoptionen einer Klientin betrachten. Die Art und Weise, wie man zum Ziel kommt, also das methodische Vorgehen umsetzt, wird als Tool oder Technik bezeichnet, z. B. eine zirkuläre Frage. Die konkrete Frage selbst wäre dann die Intervention, abgeleitet aus dem Lateinischen »intervenire« = »dazwischentreten«, »sich einschalten« (Berninger-Schäfer, 2017b).

Der Begriff Online-Tool bezieht sich in diesem Band auf interaktiv gestaltbare, elektronische Bedienelemente, mit denen eine Intervention vorgenommen werden kann. Im weiteren Verlauf dieser Ausführungen werden hierfür viele Beispiele dargestellt werden.

Coachs müssen sich darüber im Klaren sein, dass sie immer intervenieren, sowohl verbal als auch para- und nonverbal. Sie setzen Zeichen und laden zu Interpretationen und Projektionen ein und lenken dadurch Aufmerksamkeit, während sie permanent die Beziehung zum Klienten gestalten.

Zum methodischen Vorgehen zählt nicht nur der Einsatz ganz bestimmter Tools, sondern auch das Basisverhalten der Gesprächsführung, wozu aktives Zuhören, Fragen und Feedback gehören. Sie durchziehen den kompletten Coachingprozess, während weitere Tools, wie z. B. der Einsatz von Visualisierungen, Aufstellungen, die Arbeit mit dem Inneren Team, Soziogramme usw. zusätzlich in bestimmten Prozessphasen genutzt werden können. Hierbei geht es nicht um das Jonglieren mit möglichst vielen Tools, sondern um deren zieldienlichen, zur Person und Situation, zur Fragestellung und Prozessphase passenden Einsatz.

Insofern schließt sich die Autorin der Haltung von Möller und Giernalczyk an, welche kritisch auf die starke Tool-Orientierung in vielen Beratungsansätzen hinweisen: »Nun ist gegen Methodenvielfalt und -reichtum sicher nichts einzuwenden. Sehr wohl aber gegen ein Beratungsverständnis, das in einer Aneinanderreihung von Tools besteht.« (Möller u. Giernalczyk, 2019, S. 205). Möller und Giernalczyk sehen insbesondere die Gefahr, dass Methoden als Abwehr benutzt werden, um sich nicht unangenehmen Zuständen aussetzen zu müssen. Auch Ryba und Roth (2017) warnen vor der dem eklektischen Einsatz von Tools, sofern dies konzeptlos passiert. Weiterhin ist zu beachten, dass das methodische Repertoire nicht rezepthaft anzuwenden ist im Sinne von: Man nehme bei Entscheidungsthemen eine Skalierung, drei Lösungsfragen, eine Metapher, zwei Bilder und das Tetralemma, dann ergibt sich daraus das gewünschte Ergebnis.

Vielmehr ist auf Seiten der Coachs Kreativität, Einfühlungsvermögen, souveräne Prozesssicherheit und methodisches Know How gefragt. »Auch der Coach sollte kreativ sein, ein wacher Begleiter, dem immer wieder neue Ansichten auf- und einfallen, dem Ideen kommen, wie er seinen Coachee unterstützen kann. Coaching ist ein ko-kreativer Vorgang, bei dem alle Beteiligten ihr kreatives Potential einbringen.« (Richter, 2012, S. 42). Die Kreativität der Coachs besteht nicht nur darin, den richtigen Einfall für die situations- und phasenangemessene Methode zu haben, sondern vorhandene Methoden je nach Individuum abwandeln zu können oder aus vorhandenem Material (z. B. für Visualisierungen) neue Vorgehensweisen zu kreieren. So können beispielsweise das Online-Tool »Systembild (Aufstellung)«, der »Ressourcenbaum« oder Visualisierungssymbole ganz unterschiedlich eingesetzt werden. Dieses und weitere Beispiele werden in den folgenden Kapiteln dargestellt.

Wie zuvor ausgeführt, ist für eine wirkliche Veränderung der Zugang zu Denk-, Fühl- und Verhaltensmustern nötig, die in vor- und unbewussten Arealen des Gehirns verankert sind. Nach Ryba und Roth (2017) handelt es sich hierbei um das implizit-prozedurale Gedächtnis, so dass insbesondere hypnotherapeutische, körpertherapeutische und verhaltensbezogene methodische Vorgehensweisen hierfür hilfreich sind. Online-Vorgehensweisen stellen allerdings insbesondere für handlungsorientierte Vorgehensweisen, wie sie beispielsweise im Psychodrama, in der Organisationsaufstellung oder bei körperorientierten Verfahren durchgeführt werden, eine große Herausforderung dar. Es stellt sich somit die Frage, wie personale und organisationale Veränderungen, die etwas mit Weiterentwicklung durch »Bewegung« zu tun haben, in verschiedenen Settings medial begleitet werden können.

An dieser Stelle folgt daher ein kleiner Exkurs zu handlungsorientierten Methoden im Coaching, da ihre Online-Umsetzung genauso wichtig ist wie die Arbeit mit physiologischen und emotionalen Reaktionen.

2.3 Handlungsorientierte Methoden im Coaching

Als gemeinsame Kennzeichen handlungsorientierter Vorgehensweisen beschreiben von Ameln und Kramer (2007), dass sich die Teilnehmer:innen handelnd über körperliche Darstellungen mit ihren Themen auseinandersetzen, wobei Emotionen als Katalysatoren von Lernen und Veränderung genutzt werden. Dies gilt sowohl für Einzel- als auch für Gruppensettings. Dem Lernen in sozialen Systemen über aktives Handeln wird ein hoher Stellenwert zugeschrieben, da es nicht nur kognitiv, sondern auch emotional, physiologisch und praxisbezogen erfolgt.

Einer der besonderen Vorteile von handlungsorientierten Begleitprozessen ist der Aufbau einer sogenannten Surplus Reality (zu deutsch in etwas Überschussrealität), also eines Aktionsraumes, in dem die Wirklichkeit von Klient:innen gespiegelt bzw. simuliert werden kann. Der Begriff wurde von Moreno geprägt, der als Begründer des Psychodramas therapeutische Interaktionen von Gruppenmitgliedern mit schöpferischem, spontanem Ausleben von Emotionen und erlebten Interaktionsdynamiken verband. Moreno gründete in Wien ein Stegreiftheater und entdeckte dabei »welche therapeutischen Möglichkeiten im Ausspielen, im aktiven und strukturierten Ausleben von seelischen Konfliktsituationen liegen« (2008, S. 14).

Psychodrama nutzt die Handlungsdynamik als kathartisches und integrierendes Prinzip. Durch Rollentausch und szenisches Spiel soll ein Zugang zum Unbewussten hergestellt werden, wobei es ein Anliegen Morenos war, Patient:innen aktiv am therapeutischen Vorgehen zu beteiligen. Dies geschieht z. B. dadurch, dass die Betroffenen auf einer Bühne ihr Erleben in ihrem subjektiven Wirklichkeitsbezug darstellen und spontan ausagieren, wobei sich das Spiel auf Vergangenes, Gegenwärtiges und Zukünftiges beziehen kann. Da es sich aber bei der Szene (der Surplus Reality) um ein Modell der Realität handelt, welches nicht vollständig identisch ist mit der real gegebenen Situation, besteht Raum für Projektionen unbewusster Anteile, die in symbolischen Darstellungen in verdichteter Form ihren Platz finden. Durch Inszenierungen und Probehandeln werden Interventionen möglich, die weit über den verbalen Austausch hinausgehen und die nicht sichtbare Wirklichkeit darstellbar machen. Zu dieser nicht sichtbaren Wirklichkeit gehören z. B. Rollen- und Kommunikationsstrukturen, Erwartungen, Überzeugungen, Sorgen, Wünsche und Gefühle. Es wird auch gezielt damit gearbeitet, dass die Positionierung an bestimmten Orten mit bestimmten Emotionen verbunden ist. Während im Aktionsraum gehandelt wird, kann in einem Reflexionsraum die dabei gemachte Erfahrung betrachtet und integriert werden (von Ameln u. Kramer, 2007).

2.3.1 Handlungsorientierung im Online-Geschehen

Im Folgenden werden Überlegungen angestellt, ob und wie der Anspruch einer handlungsorientierten Vorgehensweise auch online umgesetzt werden kann. Erfahrungen, die im Telefoncoaching bzw. in der telefonischen Beratung vorliegen, werden hier ausgeklammert, da multimediale Plattformen die Integration von professionellen Prozessen und Tools in einer Form ermöglichen, wie sie vor einigen Jahren noch nicht vorstellbar war. Diese geht weit darüber hinaus, dass man Klient:innen per Telefon vielleicht darum bittet, aufzustehen, eine bestimmte Körperhaltung einzunehmen oder sich im Raum zu bewegen. Denn im Online-Geschehen sitzen Klient:innen und ihre Berater:innen oder Coachs in der Regel vor ihren PCs und kommunizieren synchron (zeitgleich) oder asynchron (zeitversetzt) miteinander. Die spannende Frage bleibt also, mit welchen Möglichkeiten ganzheitliche (kognitive, emotionale, physiologische und soziale) Phänomene gezielt angesprochen und in »Bewegung« gebracht werden können.

Über Telepresence können sehr realitätsnahe Abbilder geschaffen werden. Hierbei werden die interagierenden Personen in Lebensgröße dargestellt, so dass im Unterschied zu einer reinen Videokonferenz non- und paraverbale Signale ganzheitlich wahrgenommen werden können. Ein großer Unterschied zu einem Audio- und Videokonferenzsystem ist die Möglichkeit, Blickkontakt herzustellen und die Richtung wahrzunehmen, aus der eine Stimme spricht. Technisch braucht es hierfür eine bestimmte Ausrüstung, was noch nicht im Alltagsgeschehen verwirklicht ist und nach Kenntnis der Autorin auch noch nicht im Coaching umgesetzt wird. Im Unterschied hierzu werden Aufstellungen, sei es als systemische Aufstellung oder Aufstellung von inneren Anteilen, sowohl in 2D- als auch in 3D-Welten bereits umgesetzt.

Bei 3D-Welten bewegen sich die betreffenden Personen als Avatare in dreidimensionalen, virtuellen Räumen und Landschaften. Die Echtheit des ganzheitlichen Erlebens und die Rückwirkung von Erleben in 3D-Welten auf die reale Welt wurden vielfach in Studien belegt (Ahn, Bailenson u. Park, 2014; Rosenberg, Baughman u. Bailenson, 2013; Weger u. Lougham, 2013, Blackman, 2010). Wenn eine systemische Aufstellung in einer entsprechend gestalteten 3D-Welt erfolgt, setzen sich Klient:innen intensiv mit ihrer Situation auseinander, inszenieren über die Wahl der aufgestellten Symbole und ihrer Anordnung im dreidimensionalen Raum ihr Thema und bewegen sich aktiv als Avatar.

Entscheidende Wirkfaktoren hierfür sind Presence, Involvierung, Immersion und Avatar- bzw. Umgebungsgestaltung. (Pietschmann, 2009; Lehenbauer u. Stetina, 2009; Trepte u. Reinecke; 2013). Presence in 3D Welten bedeutet, dass die Person, die sich als Avatar bewegt, das Gefühl hat, sich physisch auch in Gegenwart anderer Personen (bzw. deren Avatare) in einem Raum zu befinden. Verstärkt wird dieser Effekt, wenn Avatare selbst gestaltet werden können (Typ, Geschlecht, Aussehen) bzw. wenn auch Umgebungsfaktoren gezielt entsprechend der eigenen Stimmung ausgewählt werden können (Wetter, Landschaft, Einrichtung, usw.). Dies führt zu einem Gefühl des Eingebettet-Seins (Immersion), insbesondere wenn mehrere Sinneskanäle aktiviert werden (optische, akustische und kinästhetische Reize). Die Involvierung ist groß, wenn die Ich-Beteiligung intensiv ist, d. h. das Geschehen hohe Aufmerksamkeit und Aktivität erfordert.

Weiterführende Möglichkeiten im Vergleich zur Aufstellung im face-to-face Setting ergeben sich daraus, dass Klient:innen in die Perspektive der aufgestellten Figuren eintauchen können, in dem sie durch die Augen der Figur schauen. Sie können als Avatar fliegen, d. h. die Szene aus der Vogelperspektive betrachten. Sie können ausprobieren, welche Änderungen sich ergeben, wenn sie die Größe der aufgestellten Symbole oder ihre Form verändern. Die »Bühne« kann durch die Klient:innen selbst gestaltet werden, indem sie wählen, wo sie die Szene darstellen möchten. So kann es sein, dass die Problemsituation in einem Raum oder an einem schattigen Ort aufgebaut wird, die Lösungsszene an einem Strand oder in einem Garten. Über Licht-, Ton- und Wettereffekte können Stimmungen erzeugt werden, sofern diese Möglichkeiten in der jeweilig genutzten 3D-Welt vorhanden sind. Außerdem können Probehandlungen durchgeführt werden. Insgesamt ist das Handeln der Avatare die wichtigste Vorgehensweise in 3D-Welten. Es handelt sich hierbei nicht um statische Avatare, sondern Avatare, die sich bewegen und sprechen können. Das Sitzen und Stehen, bei dem ein verbaler Austausch stattfindet, wirkt in einer Begegnung von Avataren oft stark künstlich, steif und unlebendig. Es sind jedoch gerade die Handlungsmöglichkeiten, die ein großes Spektrum an Inszenierung und Gestaltung ausmachen (Berninger-Schäfer, 2014).

2.3.2 Fallbeispiel: Systemische Aufstellung mit Avataren im dreidimensionalen Raum

Das folgende Fallbeispiel bezieht sich auf eine Konfliktsituation einer Klientin mit ihrem Vorgesetzen:

Die Klientin fühlte sich von ihrem Chef ständig kontrolliert und hatte das Gefühl, seinen Ansprüchen nicht gerecht werden zu können. Sie führte aus, dass sie keine Wertschätzung für ihren hohen Einsatz erhalte, sondern vielmehr mit immer mehr Arbeit überhäuft werden würde. Sie leiste sehr viel, da ihr die Arbeit prinzipiell Spaß mache, allerdings wäre sie in der Zwischenzeit so verärgert über das Kontrollverhalten und den abwertenden Kommunikationsstil ihres Chefs, dass sich bei ihr selbst aggressive Gefühle einstellten, wenn sie nur an ihn denken würde. Es falle ihr zunehmend schwer, von diesen Gedanken loszulassen und abzuschalten. Dabei hätte sie allen Grund dazu, denn ihr Chef stünde kurz vor der Rente und lerne bereits seinen Nachfolger ein, welcher auf sie einen anderen Eindruck mache, da er offener und wertschätzender kommunizieren würde.

Sie ärgerte sich umso mehr, dass sie sich so viele Gedanken wegen des ausscheidenden Chefs mache.

Im Online-Coaching wählte sie für sich eine menschliche Figur, den Chef symbolisierte sie mit einem Dinosaurier. Sie erklärte hierzu, dass sie seinen Führungsstil als antiquiert betrachte. Er stelle für sie eine Bedrohung dar und erscheine ihr sehr mächtig. Die Klientin suchte in ihrer Entwicklung der Szene deshalb Schutz vor einer Mauer, um nicht vom Chef »gefressen« zu werden (Abb. 1).

Abbildung 1: Aufstellung in der 3D-Welt (© CAI® World)

Hinter der Klientin steht in der symbolischen Darstellung eine geschlossene Schatzkiste, zu welcher sie gern Zugang hätte, um eine Lösung zu finden. Die Klientin führte aus, dass der geschlossene Zustand dieser »Lösung« ihre Hilflosigkeit zeige und ihre Unfähigkeit diese zu sehen. Der neben der Mauer befindliche Stein visualisiere die Schwierigkeiten, die ihr Chef bereite, indem er ihr Steine in den Weg lege. Auf der anderen Seite der Mauer stellte sie einen Panzer hin. Dieser biete ihr einerseits Schutz vor dem Chef, andererseits stelle er eine mögliche Konfrontation dar. Er sei auch mit Aggressionen assoziiert, welche die Klientin ihrem Chef gegenüber empfände.

Das Boot, welches sich etwas weiter weg von der Klientin befindet, stelle eine Rettungsmöglichkeit für die Klientin dar. Der Stern über dem Boot stünde für Schutz und Hoffnung. Sowohl Stern als auch Boot könnten im Moment nicht erreicht werden, da das Verlassen der Schutzmauer evtl. eine Auseinandersetzung mit dem Chef mit sich ziehen würde. Dazu fühle sich die Klientin nicht in der Lage.

In einem nächsten Schritt wurde die Klientin aufgefordert, mit ihrem Avatar über die Szene zu fliegen.

Abbildung 2: Aufstellung in der 3D-Welt, Vogelperspektive (© CAI® World)

Abbildung 2 zeigt, wie die Klientin sich und ihre Situation aus der Vogelperspektive sah. Dadurch konnte sie Abstand von ihrer subjektiven Sichtweise gewinnen und die Situation aus einem anderen Blickwinkel betrachten. Aus dieser Sichtweise fiel der Klientin auf, dass sie sich weit entfernt vom Schutzpanzer befand. Dies war ihr vorher noch nicht deutlich gewesen. Außerdem fiel ihr auf, dass sie und ihr Chef sich zwar indirekt anschauten, dadurch aber eine entgegengesetzte Blickrichtung hatten. Dies deutete sie so, dass sie unterschiedliche Ziele verfolgen würden. Außerdem konnten sie sich nicht wirklich sehen.

Im weiteren Verlauf probierte die Klientin verschiedene neue Anordnungen aus. Sie bewegte sich weg von der Wand, lief um sie herum und stellte die Schatzkiste vor sich hin. Der emotional stimmigste Ort für sie war jedoch die Umkehr der Blickrichtung und das Wegrücken von der Wand. Sie machte die Wand noch größer und richtete den Panzer auf den Chef aus. Mit der Wand im Rücken und dem Panzer, der den Chef in Schach hielt, konnte sie sich der freien Fläche zuwenden, die ursprünglich hinter ihr war. Sie hatte Freude daran, sich frei in dieser Fläche zu bewegen. Sie sah all die vielen Projekte in ihrer Arbeit, die ihr Spaß machten. Sie fand es beinahe lustig, dass sie sich so lange von ihren negativen Gefühlen zum Chef festhalten ließ. Das Verlassen der IST-Situation und das erlebbare Erkunden einer Wunsch-Situation erlaubten ihr neue Reflexions- und Erkenntnisprozesse.

Durch diese Möglichkeiten des Agierens, in diesem Fall durch den Wechsel der Sichtweise, die Umstellung und die Veränderung von Größen, in dreidimensionalen Welten kann ein Bezug zu den Wirkfaktoren handlungsorientierter Methoden hergestellt werden, die von Ameln und Kramer (2007, S. 28) folgendermaßen beschreiben:

»1. Sehen ist Verstehen: Die sinnliche Darstellung abstrakter Themen
2. »Lass es mich tun und ich werde es verstehen«: lernen durch Erfahrung und eigenes Tun
3. Lernen am eigenen Leibe: der Körper als Resonanzboden
4. »Das geht mich etwas an«: Lernen an konkreten Praxisthemen

5. Experimente erwünscht: sanktionsfreie Erprobung neuer Denk- und Handlungsweisen
6. Lernen mit Herz und Verstand: Integration von Kognition und Emotion
7. Der Blick durch eine neue Brille: Dekonstruktion und Neukonstruktion von Wirklichkeiten
8. Vier Augen sehen mehr als zwei: Selbst- und Fremdbeobachtung
9. Aus der Tiefe ans Licht: Arbeit mit den informellen, latenten oder unbewussten Anteilen des Systems
10. Der gerade Weg ist nicht immer der kürzeste: die Rolle von Verfremdung, Irritation und Distanzierung
11. Komplexität handhabbar machen: Handlungsorientierte Methoden als Werkzeuge der Komplexitätsbewältigung
12. Beratung, die Sinn macht: Symbolische Verdichtung von Sinngehalten
13. Beratung – (k)ein Kinderspiel? Handlungsorientierte Methoden und der Aspekt spielerischen Lernens«.

Bei der Aufstellung von Themen, Systemen oder inneren Anteilen in 3D-Welten können alle der aufgeführten Wirkfaktoren handlungsorientierter Methoden genutzt und umgesetzt werden. Coachs müssen allerdings aktiv darauf hinarbeiten, dass der Körper als Resonanzboden bewusst wahrgenommen wird, indem immer wieder gezielt Bezüge zwischen dem Handeln der Avatare und dem Erleben der Klient:innen hergestellt und reflektiert werden. Sehr spannend werden Studien zum Vergleich von Aufstellungen mit Personen als Stellverter:innen im face-to-face Setting und von stellvertretenden Avataren in 3D-Welten sein. Hierzu sind noch keine Forschungsergebnisse bekannt.

3 Methoden im Online-Coaching

Es gibt verschiedene Online Plattformen, die in virtuellen Räumen die Kommunikation wahlweise oder in Kombination über Video, VOIP (Voice over IP), Chat, Foren und E-Mail ermöglichen. Seit der Corona Pandemie sind viele Menschen mit Plattformen vertraut geworden. Im Bereich des Coachings wird häufig Zoom, Skype oder Teams genutzt, wobei hier das Thema des Datenschutzes kritisch betrachtet werden sollte. Sogenannte DCP's (Digital Coaching Providers), wie z. B. Sharpist, Haufe Coaching, evlop.me, vbettercoach oder Coach 7 fields geben Coachs ein Vertriebsversprechen. Sie unterscheiden sich in ihren Schwerpunkten, z. B. auf der Digitalisierung der Coaching-Sitzung oder auf administrative Abläufe. Die im Folgenden genannten Beispiele wurden mit der CAI Plattform durchgeführt (s. www.CAIWorld.com). Diese wurde unter anderem für Online-Coaching konstruiert, wird kontinuierlich weiterentwickelt und wissenschaftlich evaluiert, z. B. an der Zürcher Hochschule für Angewandte Wissenschaften bei Prof. H. Künzli (ZHAW).

Unabhängig von der Wahl des Kommunikationskanals, also ob rein schriftlich kommuniziert oder ob die Audio- und Videofunktion genutzt wird, kommt der schreibbasierten Kommunikation im Online-Geschehen eine besondere Bedeutung zu, daher soll zunächst auf diese eingegangen werden. Grundsätzlich gilt aber auch, dass Audio, Video und Chat bzw. Schreiben auf Kärtchen oder Whiteboards häufig miteinander kombiniert werden.

3.1 Kommunikation im Online-Coaching

Im Online-Coaching spielt Verschriftlichung eine wichtige Rolle, einmal zur Gestaltung der asynchronen Phasen, aber auch zur Dokumentation und Transparenz des Prozesses und zur Unterstützung der Selbstreflexion. Dabei ist zu unterscheiden zwischen dem Schreiben als Austausch mit anderen, wie dies in Briefen, Chats, E-Mails oder über andere Kanäle geschieht und dem selbstreflexiven Schreiben als gezieltem Dialog mit sich selbst.

Der Prozess des Schreibens führt zu einer verstärkten Selbstzentriertheit, fördert die genaue Wahrnehmung und Ausdrucksfähigkeit von eigenen und fremden Gedanken, Gefühlen und körperlichen Zuständen (Klein, 2020). Durch das spätere Lesen des Geschriebenen kann das Einnehmen einer größeren Distanz und ein Wechsel von Perspektiven erleichtert werden. Es findet eine Stärkung der Selbstwirksamkeit und Selbstbestimmung statt. An dieser Stelle sei auf die wissenschaftliche Coaching-Zeitschrift »Coaching|Theorie und Praxis« verwiesen, die einen Schwerpunkt zum Thema Schreibcoaching gesetzt hat.

Im Online-Coaching kann Schreiben an verschiedenen Stellen und verschiedenen Phasen im Coachingprozess eingesetzt werden. Besteht bei der genutzten Coachingplattform die Möglichkeit zu Coach on Demand, dann kann ein Coachee bereits vor einem direkten Kontakt mit dem Coach einen virtuellen Raum betreten. Auf der CAI Plattform kann er sich beispielsweise einen Coach in der Coach-Datenbank mit den dort einsehbaren Profilen aussuchen und auf »Sitzung starten« klicken – schon beginnt der Coaching-Prozess. Nach einem kurzen Begrüßungstext können Klient:innen ihr Anliegen beschreiben. Coachs werden automatisch darüber verständigt, dass jemand diesen virtuellen Raum betreten hat und können entscheiden, wann und wie sie auf die Nachricht reagieren. Die darauffolgende erste bilaterale Kontaktaufnahme dient der Klärung, ob eine weitere Zusammenarbeit stattfinden wird. Wird dies von beiden Seiten positiv beantwortet, kann ein Coachingkontrakt vereinbart werden.

Es können bei Online-Plattformen während des Coachings verschiedene Tools genutzt werden, welche immer auch eine Verschriftlichung beinhalten. Dies kann über das Beschriften von Kärtchen geschehen, die Bedienung der Tools (z. B. Aufstellungen, Arbeit mit dem Inneren Team, Ressourcenbäume, usw.) und das synchrone oder asynchrone Kommentieren im Chat.

Wenn bei der genutzten Coachingplattform der virtuelle Raum für die Klient:innen offen bleibt, wie dies bei der CAI World möglich ist, können sie jederzeit darin weiterarbeiten. Diese Möglichkeit nutzen viele Klient:innen, sie beschreiben was sie von den im Coaching vereinbarten Maßnahmen umsetzen konnten, was nicht und wie sich die Fragestellung für sie weiterentwickelt hat. Der Coach erhält über das Anklicken eines bestimmten Symbols eine automatisierte Mail, dass der Klient den Prozess weiter verfolgt hat und kann dann auf das Geschriebene reagieren. Diese Bezugnahme kann in Form von Feedback, Fragen oder »weiteren Hausaufgaben« geschehen. Klient:innen haben somit die Möglichkeit hoher Selbststeuerung, sie können ungestört weiterarbeiten oder selbst bestimmen, wann sie ihren Coach einladen möchten, das Erarbeitete zu sehen. Damit wird eine hohe Transferunterstützung gewährleistet.

In einer nächsten synchronen auditiven Einheit, kann die Verschriftlichung gemeinsam betrachtet und reflektiert werden. Es kann sichergestellt werden, ob ein gemeinsames Verständnis des Geschriebenen besteht und es wird geklärt, welche Aspekte vertieft werden sollen. Die Verschriftlichung stellt somit sowohl während einer synchronen Sitzung als auch im asynchronen Geschehen eine wertvolle Basis der Prozesssteuerung dar. Eine Verschriftlichung sollte auch bei Einheiten, in denen Video und Audio eingesetzt werden, stattfinden. Hierbei ist zu klären, an welchen Stellen die Klient:innen und an welchen die Coachs schreiben. Weiterentwickelte Coachingplattformen ermöglichen auch eine visuelle Differenzierung dazu, ob die Coach Antworten, Assoziationen und Themen, welche der Klient ausgesprochen hat, aufschreibt bzw. ob sie eigene Aussagen mitschreibt oder ob ein Klient für sich selbst die Verschriftlichung verfertigt.

Es gibt sehr viele Möglichkeiten, wie Chats angeordnet und genutzt werden können. Sie können der direkten Kommunikation dienen, der Protokollierung oder Hintergrundinformation für den Coach. Im letzten Fall sind sie nur für den Coach sichtbar. So findet sich z. B. auf der CAI Plattform beim Öffnen eines Tools jeweils eine Toolbeschreibung im beigefügten Chatfenster.

Hier ein Auszug aus der Toolbeschreibung zum Inneren Team (Abb. 3):

Das innere Team ist eine Metapher für die Vielfalt "innerer Stimmen", mit denen Menschen ihr Alltagshandeln begleiten und steuern. Es kann sich dabei um Werte, Persönlichkeitsanteile oder internalisierte Stimmen von prägenden Personen, z.B. der Eltern handeln. Die Stimmen widersprechen sich teilweise, z.B. in Entscheidungs- oder Konfliktsituationen.
Beispiel Vernunft: "Jetzt wäge doch mal das Für und Wider ab."
Beispiel Kreativität: "Da gibt es noch so viele Möglichkeiten"
Beispiel Selbstdisziplin: "Reiß dich zusammen. Erst die Arbeit, dann das Spiel."
Beispiel Vorsicht: "Pass auf, das könnte zuviel sein. Lieber nicht."
Beispiel Abenteuerlust: "Nur Herausforderungen bringen mich weiter."
Beispiel Lebensfreude: "Genieß den Moment! Lachen tut gut!"
Beispiel Zweifel: "Ob das was wird?"
Es sind viele weitere und unterschiedliche Anteile denkbar, die je nach Person und Situation im Vordergrund stehen.
Die Arbeit mit inneren Anteilen erhöht die Selbstwahrnehmung und die Fähigkeit zur Selbststeuerung, z.B. indem ein innerer Moderator oder Teamchef eingeführt wird, der situationsangemessen den inneren Dialog der "Stimmen" klärt.
Es ist wichtig, dass Lösungen erst dann gefunden sind, wenn alle zum Thema relevanten Anteile damit übereinstimmen können. Da jeder Anteil - auch die momentan Störenden - für wertvolle Bedürfnisse stehen, darf keiner übergangen oder eliminiert werden.
Wählen Sie über die Schaltfläche ganz links eine Silhouette aus, die Sie repräsentieren soll.
Welche Teammitglieder bzw. "innere Stimmen" können identifiziert werden? Welchen Namen tragen sie?
Mit welcher Farbe kann ein Teammitglied bzw. diese "innere Stimme" visualisiert werden? Fügen Sie über die in der entsprechenden Farbe markierten Schaltflächen ein neues Teammitglied hinzu und benennen Sie diese "innere Stimme"

Abbildung 3: Toolbeschreibung zum Inneren Team (© CAI® World)

In einigen Coaching-Plattformen können auch Fragen aus einem Set direkt gewählt werden. Beispiele hierzu finden sich in den folgenden Kapiteln.

Eine Langzeitwirkung des Coachings wird dadurch unterstützt, dass sich Coachees auch nach Jahren in bestimmten Situationen Anregungen in den Aufzeichnungen holen können. Hierfür ist es hilfreich, den Inhalt automatisch als PDF speichern bzw. drucken zu können, falls der virtuelle Sitzungsraum zu einem bestimmten Zeitpunkt geschlossen werden sollte.

Es is nochmals zu betonen, dass der Erwerb einer Schreibkompetenz für die Professionalisierung im Online-Coaching unerlässlich ist. Wird rein chatbasiert gearbeitet (synchron oder asynchron), sollten sich Coachs mit den Besonderheiten dieser Kommunikationsform auseinandersetzen. Hierzu gehören beispielsweise die Entkoppelung der Beiträge, Verlangsamung, abrupter Themenwechsel oder das Einspeisen zu großer Textmengen (Flooding). Oliver Winkler (2017) beschreibt das Chatgespräch als dem prototypischen mündlichen Gespräch näherstehend als dem prototypisch schriftlichen Text, da es folgende Kriterien umsetzt:

1. konstitutiv (die Chat-Ereignisse werden durch die Akteure aktiv hergestellt)
2. Interaktiv (die Beiträge beziehen sich aufeinander)
3. Prozessartig (Aktivitäten sind in einer zeitlichen Abfolge)
4. Methodisch (zur Verständigung werden für andere verständliche Methoden genutzt)
5. Pragmatisch (die Akteure verfolgen Ziele bzw. bearbeiten Probleme oder Aufgaben)

Der Autor führt aus, wie Elemente der Gesprächssteuerung, konkret die Gesprächsorganisation durch Sprecherwechsel und Orientierungshandlungen, die Themensteuerung durch Reformulierungshandlungen und Handlungssteuerung durch Fragen im chatbasierten Coachingprozess genutzt werden können. Weitere Ausführungen, Checklisten und Tipps für die Professionalisierung der Lese- und Schreibkompetenz finden sich bei Berninger-Schäfer (2018), Knatz und Schumacher (2019), Ploil (2009) sowie Ribbers und Waringa (2015).

Neben der Schreib- und Lesekompetenz ist die Sprech- und Hörkompetenz ebenfalls zentral für das Online-Coaching. Das Wegfallen einiger non- und paraverbaler Hinweisreize wird beispielsweise durch eine erhöhte Aufmerksamkeit auf die Stimmlage, die Intonation, die Lautstärke, die Dynamik, das Tempo, die Prosodie (Melodie, Rhythmus, Pausen), aber auch die Atmung und das Schweigen kompensiert (Knatz u. Schumacher, 2019). Dies gilt sowohl für die Klient:innen als auch für die Coachs. Die Haltung des einfühlsamen Verstehens, der wertschätzenden Akzeptanz, der Echtheit und Kongruenz sind im personenzentrierten Ansatz die Grundlage der therapeutischen Beziehung (Rogers, 1972) und stellen auch im Coaching die Haltung dar, die die Coach-Coachee-Beziehung trägt. Daher ist sie auch im Online-Geschehen zu transportieren. Es muss ein Rapport hergestellt und eine konstruktive, sicherheitsgebende Beziehung gestaltet werden. Vertiefungen hierzu finden sich bei Berendt (2008), Berninger-Schäfer (2018) und Schmidt-Tanger (2014).

Der visuelle Sinn wird im Online-Coaching bei der Videokommunikation genutzt, wenn auch mit Einschränkungen, da die Bildqualität sehr unterschiedlich sein kann und nur ein kleiner Ausschnitt der Person sichtbar ist (i. d. R. Kopf- und Brustbereich). Dennoch ist der visuelle Sinn äußerst wichtig und wird durch den Einsatz bestimmter Online-Tools angesprochen, worauf sich die weiteren Ausführungen beziehen.

3.2 Online-Formate und Online-Tools

Bevor auf konkrete Online-Formate eingegangen wird, sei darauf hingewiesen, dass der Formatbegriff unterschiedlich genutzt wird. So spricht Rauen in der Coaching-Marktanalyse 2021 einmal von Coaching-Varianten und meint damit Einzel-, Team-, Gruppen-, Organisations- und Projekt-Coaching, und an anderer Stelle von Coaching-Formaten, wobei er sich auf die Unterscheidung von persönlichem Gespräch, Videokonferenzsystem, Telefonat, E-Mail, Online-Aufstellungen, Chat, Messenger-Dienste, SMS und Virtual Reality bezieht. Hier wird der Medieneinsatz als Unterscheidungskategorie genutzt. Schreyögg, Bachmann und Dallüge (2019) grenzen Coaching als eigenständiges Beratungsformat von anderen Formaten ab und unterscheiden dadurch Coaching von Supervision, Training, Mentoring, Organisationsberatung, Moderation, Outplacementberatung, Mediation und Psychotherapie.

Formate werden somit über verschiedene Formatkategorien beschrieben, die von Autor:innen unterschiedlich gewählt werden. Diese Kategorien bestimmen die Art der Durchführung des Coachings (Form, Gestalt). Folgende Kategorien werden bei Berninger-Schäfer und Kineselassie (2018, S. 171) aufgeführt:

- »Einbettung (Coaching als eigenständige Maßnahme oder als Programmbestandteil);
- Häufigkeit (Einzelmaßnahme oder sequenzielle Maßnahme);
- Dauer (zeitlich begrenzt oder unbegrenzt);
- Länge der Coachingeinheit (lang oder kurz);
- Synchronizität (zeitgleich oder zeitversetzt);
- Strukturierung des Coachingprozesses (offen oder strukturiert);
- Methodeneinsatz im Coaching (kommunikatives Basisverhalten mit und ohne Toolunterstützung);
- Beteiligte (Rolle, z. B. Coach, Führungskraft, Kollege und Anzahl, z. B. Tandem-, Gruppen-, Teamcoaching, Selbstcoaching);
- Ort des Coachings (Räumlichkeiten des Coachs, neutrale Räume, on-the-job, im Freien, online);
- Frequenz (niedrigfrequent oder hochfrequent);
- Medieneinsatz (face-to-face, Audio, Video, schriftlich, interaktive 2-D-Räume, interaktive 3-D-Räume.«

Die Formate, die auf der CAI Plattform genutzt werden können, werden alle online durchgeführt. Sie beziehen sich auf verschiedene Themen im Coaching, z. B. Business-Coaching, Konfliktmanagement, Team Development u. a. Zu jedem Thema wird ein systemisch-lösungsorientierter Coachingprozess in mehreren Phasen abgebildet, wobei zu jeder Phase Fragesets hinterlegt sind. Diese Phasen entsprechen dem Coachingprozesses der Karlsruher Schule wie in Kapitel 2 beschrieben. Die Phasen dieses Coachingprozesses können im virtuellen Raum der CAI World angeklickt werden, genauso wie die den Phasen zugeordneten systemisch-lösungsorientierten Fragen. Diese können im Falle einer Passung direkt an Klient:innen abgeschickt oder verbal gestellt werden. Coachs können auch ganz unabhängig davon Fragen oder Botschaften formulieren, die den individuellen Anforderungen des Prozesses entsprechen.

Die folgenden Abbildungen 4 und 5 zeigen das Format »Business Coaching«, welches die Phasen nach der Karlsruher Schule abbildet. Beim Anklicken einer Phase können die dazu passenden systemisch-lösungsorientierten Fragen genutzt werden. Gleichzeitig werden Tools vorgeschlagen, wobei man beim Anklicken des untersten Buttons »Tools« jederzeit alle diesem Format zugeordneten Tools finden und nutzen kann, so dass Coachs flexibel in ihrer Wahl des Tools sind.

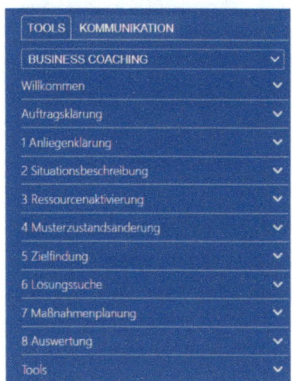

Abbildung 4: Format Business Coaching

Abbildung 5: Tools beim Format Business Coaching

In der CAI World sind viele weitere Formate mit den jeweiligen Tools nutzbar, z. B. Team Development, Transfercoaching, Konfliktmanagement, Meeting, Design Thinking, Value Proposition Canvas, usw. Sie sind alle nach dem gleichen Prinzip aufgebaut, d. h. sie enthalten einen Phasenablauf mit Fragesets und Tools. Als weiteres Beispiel seien hier der Phasenablauf und die Tools für Teamcoaching in einer Übersicht dargestellt (Abb. 6 u. 7).

Abbildung 6: Format Team Development   **Abbildung 7:** Tools bei Team Development

Bei den Toolsammlungen der Formate gibt es Überschneidungen und auch formatspezifische Tools. Zu den allgemeinen Tools zählen z. B. Desktop-Sharing oder Präsentation (hier kann man eigenen Dateien hochladen und zeigen) und die Chat-Funktionen. Zusätzlich gibt es vielfältige interaktive Tools zur Visualisierung von Zusammenhängen, wie z. B. das Soziogramm, das Systembild (Aufstellung), das Konfliktlösedreieck, die Team Uhr, die Bildergalerie, den Ressourcenbaum, die Sternstunden, die Zielgerade, usw. Alle Tools können interaktiv von mehreren Personen gleichzeitig bedient werden. Im Folgenden seien grundlegende Tools, die immer genutzt werden, kurz dargestellt.

3.2.1 Das Whiteboard und Visualisierungssymbole im Online-Coaching

Das Whiteboard wird häufig in den Phasen der Anliegenklärung und der Situationsbeschreibung eingesetzt, aber auch bei der Zielfindung und dem Lösungsbrainstorming. Es eignet sich besonders zum Festhalten und Strukturieren von Themen und bedient eher die reflexiven Vorgehensweisen. Beim Whiteboard können Kärtchen geschrieben werden, es kann mit einem Stift gezeichnet oder es können zusätzliche Symbole angebracht werden. Die folgende Abbildung 8 gibt einen Eindruck über den virtuellen Sitzungsraum in der CAI Plattform mit einem geöffneten Whiteboard.

Abbildung 8: Arbeitsfläche mit Whiteboard, Karten und Symbolen (© CAI® World)

In der oberen Zeile sind die Fotos aller anwesenden Personen zu sehen, bzw. deren Videobild, sofern das Video (oben links) aktiviert wird. Die Fotos bzw. Videobilder können bis auf die volle Bildschirmgröße vergrößert werden. In der Zeile direkt über dem Whiteboard können verschiedene Hintergründe für das Whiteboard eingestellt werden, z. B. eine Kork-Wand, eine Agenda-Vorlage, ein Achsenkreuz, vier Quadranten, Ein Scrum Task Board, vier Spalten oder eine SWOT-Analyse. Des Weiteren können verschiedene Visualisierungssymbole genutzt werden. Einen Ausschnitt davon zeigt die folgende Abbildung 9.

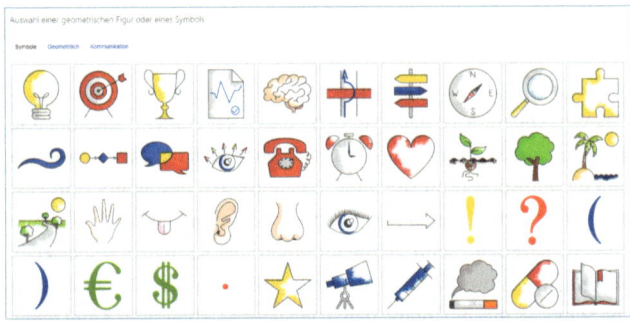

Abbildung 9: Visualisierungssymbole der CAI® Plattform (Ausschnitt)
(© CAI® World)

3.2.2 Fallbeispiel: Coaching mit dem Whiteboard und Symbolen

Der Klient war von seinem Arbeitgeber für ein halbes Jahr an einen anderen Standort versetzt worden, wo er interimsweise eine Führungsaufgabe innehatte. Jetzt ist er wieder an seinen alten Arbeitsplatz zurückgekehrt, was er aus familiären Gründen sehr begrüßt. Mit der Führungsrolle sei er gut zurechtgekommen.

Er möchte im Coaching klären, wie er sich zukünftig in seinem Arbeitsbereich aufstellen soll. Sein Wunsch ist es, Klarheit darüber zu bekommen, ob er bleiben soll, wo er derzeit ist oder einen Veränderungsvorschlag zur strategischen Weiterentwicklung seines Bereiches unterbreiten und Verantwortung in einer Führungsrolle übernehmen oder etwas ganz andere machen soll.

Am liebsten würde er das, was er gerade macht, thematisch weiterführen, eine Führungsrolle innehaben, im Team arbeiten und gute Ergebnisse erzielen. Hierzu muss er sich dem Vorstand und seinem Bereichsleiter gegenüber mehr exponieren, seine Ziele stringent verfolgen, mehr fordern, mehr netzwerken und sichtbarer werden für andere.

In der Online-Coaching Sitzung wurde ein Gespräch mit dem neuen Bereichsleiter des Klienten vorbereitet. Klient und Coach kommunizierten per Audio und Video. Zusätzlich wurden folgende Online-Tools eingesetzt:

▶ Whiteboard mit Visualisierungstools und Chat zur Protokollierung,
▶ Bildergalerie.

Der Klient hat die wichtigsten Punkte mit einer Prozesskette und der Zielscheibe aus den Visualisierungstools auf einem Whiteboard festgehalten. Im Chat des Whiteboards hat die Coach noch einige Punkte mitprotokolliert (Abb. 10).

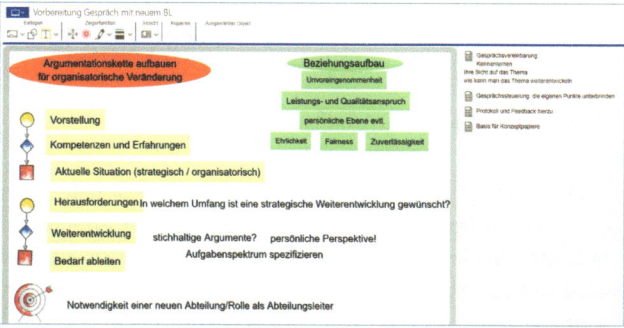

Abbildung 10: Gesprächsvorbereitung (© CAI® World)

Zur nächsten Sitzung berichtete der Klient, dass ein Gespräch mit dem Bereichsleiter stattgefunden hatte. Die Vorbereitung sei sehr hilfreich gewesen, er hätte alle ihm wichtigen Punkte ansprechen können. Er hätte seinen Wunsch nach einer eigenen Organisationseinheit und seinen Führungsanspruch formulieren können, was vom Bereichsleiter sehr verständnisvoll aufgenommen worden wäre. Allerdings stünde eine Umstrukturierung an, deren Konsequenzen noch unklar seien. Im Laufe der nächsten zwei Monate würde ein Strategiepapier für den Gesamtvorstand erstellt werden müssen, in welchem die Weiterentwicklung der bestehenden Themen dargestellt sein sollte. Dies wäre dann die Basis für eine konkrete Umsetzung, sofern der Vorstand seine Zustimmung erteilen würde. Der Klient skizzierte daraufhin sein Anliegen folgendermaßen (Abb. 11):

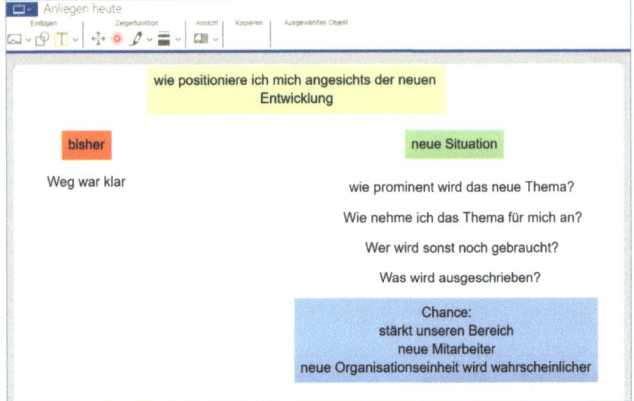

Abbildung 11: Anliegenskizze (© CAI® World)

Der Klient, ein sehr strukturierter vorgehender Herr, bevorzugte in den bisherigen Coaching-Sitzungen das Whiteboard, Prozessabläufe und Checklisten. In dieser Sitzung wurde dann erstmalig auch auf einer assoziativen Ebene gearbeitet und die Bildergalerie eingesetzt. Er wählte für die Darstellung der IST-Situation folgendes Bild aus (Abb. 12):

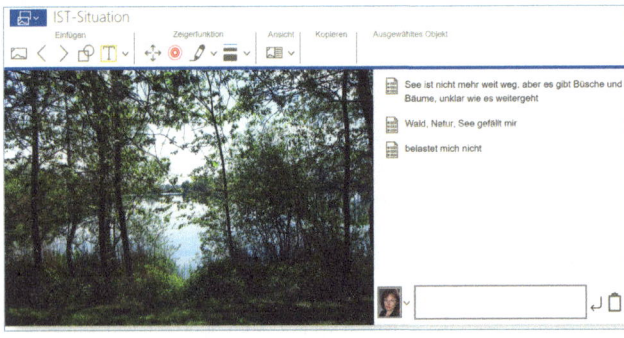

Abbildung 12: Bildergalerie IST-Situation (© CAI® World)

Die Assoziationen des Klienten zu seinem Bild protokollierte die Coach in dem zum Whiteboard gehörenden Chat mit. Das gleiche Vorgehen wurde zur Erstellung eines Zielbildes gewählt (Abb. 13).

Abbildung 13: Bildergalerie Zielbild (© CAI® World)

Nach dem der Klient ein Zielbild ausgewählt hatte, wurde er dazu angeleitet, zu erkunden, woran er im Alltagsgeschehen erkennen würde, dass sich dieses Bild für ihn verwirklicht. Daraufhin formulierte er Zielsätze auf gelben Karten und brachte sie im Bild an. Die Coach schrieb seine Assoziationen bzw. Aussagen im Chat mit, wobei sie das Protokollzeichen verwendete, um zu kennzeichnen, dass es sich um Aussagen des Klienten handelte. Aus seinem Zielbild leitete er folgende Maßnahmen ab (Abb. 14):

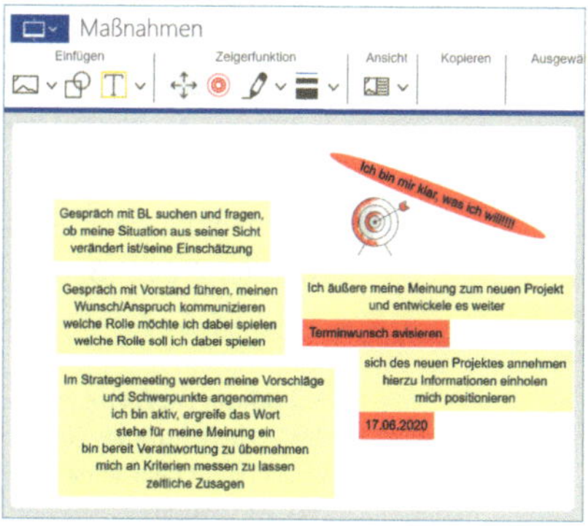

Abbildung 14: Whiteboard Maßnahmenplanung (© CAI® World)

Bei der nächsten Coachingeinheit berichtete der Klient, dass das Strategiemeeting stattgefunden hatte. Es war ihm gelungen, sich aktiv einzubringen, womit er hochzufrieden war. Als nächstes wollte er aber seine Themen unabhängig vom Strategieprozess mit dem Vorstand besprechen. Die Vorbereitung dieses Gespräches war sein Anliegen für die nächste Sitzung. Er gestaltete sofort ein Whiteboard mit einer Prozesskette (Abb. 15).

Abbildung 15: Vorbereitung Gespräch mit Vorstand (© CAI® World)

Der Klient fühlte sich sichtlich wohl in der Erstellung dieses Ablaufes, so dass das Whiteboard auf dreifache Größe verlängert wurde, um ihn in seinem produktiven Fluss zu halten (Abb. 16).

Abbildung 16: Fortsetzung der Vorbereitung des Gespräches mit dem Vorstand (© CAI® World)

Als nächstes ergänzte er seine geplante Argumentation durch eine Kosten – Nutzen-Analyse (Abb. 17).

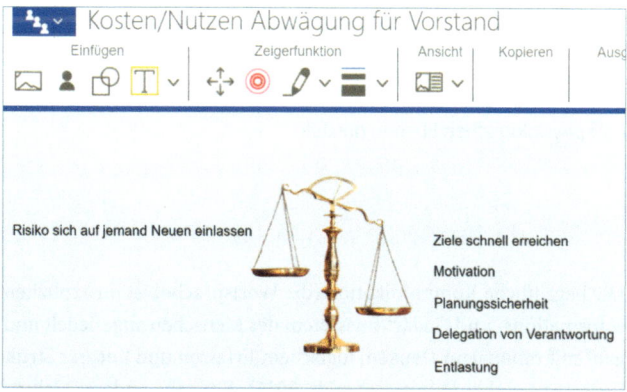

Abbildung 17: Kosten-Nutzen-Analyse (© CAI® World)

Zu seiner großen Freude erhielt der Klient zum Jahrewechsel eine Führungsaufgabe in der von ihm skizzierten Organisationseinheit.

Obwohl der Klient sehr leichten Zugang zu seinen Bildassoziationen fand, war in seinem Falle auch deutlich, dass er vom strukturierenden Vorgehen auf dem Whiteboard am meisten profitierte. Hier arbeitete er vertieft, entwickelte laut seine Gedankengänge weiter und korrigierte immer wieder das Geschriebene. Ein von ihm gestaltetes Whiteboard zu betrachten, erfüllte ihn mit Zufriedenheit und Stolz, er drückte deutlich dieses Gefühl aus und sagte mehrfach: »So, jetzt habe ich es«.

Die Coach unterstützte diesen Prozess mit Fragen, aktivem Zuhören, Feedback, Protokollierung und Auswahl der Tools. Der dargestellte Coachingablauf erstreckte sich über drei synchrone Sitzungen à 1,5 Stunden. Es war sehr erleichternd im gleichen virtuellen Sitzungsraum weiterarbeiten zu können, da somit immer wieder auf die Themen und Ergebnisse der vorherigen Treffen Bezug genommen werden konnte. Der Klient erstellte sich PDFs nach jedem Treffen und wollte seine beiden Gesprächsvorbereitungen auch für künftige Gelegenheiten nutzen.

Somit wurde in diesem Fallbeispiel nur ein kleiner Teil der möglichen Online-Tools genutzt. Es gibt noch viele weitere interaktive Tools zur Visualisierung von Zusammenhängen, welche besonders im Online-Coaching sehr wichtig sind, da die bildhafte Darstellung bei Selbstreflexions- und Selbstveränderungsprozessen eine wertvolle Quelle der Information, Exploration und der Arbeit mit unbewussten, emotionalen und physiologischen Ebenen darstellt.

3.3 Bildhafte Darstellung im Online-Coaching

Die begriffliche Kommunikation (die Wortsprache) ist im expliziten Informations- und Gedächtnissystem des Menschen angesiedelt und geht mit rationalem Denken, logischem Erfassen und linearer Strukturiertheit einher (Messerschmidt, 2015). Ein ganz anderes Gehirnareal steuert die Bildsprache (implizites Informations- und Gedächtnissystem). Hierbei geht es eher um Wahrnehmungen, Gefühle und innere Bilder. Die Bildsprache eröffnet einen Zugang zu vor- und unbewussten Bereichen des Gehirns, welche laut Ryba und Roth (2017) entscheidend sind, wenn es um Veränderungsprozesse geht.

3.3.1 Die Funktion bildhafter Darstellungen

Bildhafte Kommunikation reduziert Komplexität, geht mit Ganzheitlichkeit einher, kann Mehrdeutigkeit vereinen und verankert sich nachhaltiger im Gedächtnis. Das Betrachten von Bildern ermöglicht Distanz zum eigenen Erleben, fördert Erkenntnis und wirkt sinnstiftend. Das Bewusstwerden der Informationen, die in einem Bild stecken können, erweitert Perspektiven und ermöglicht die Integration vormals unklarer und unbewusster Aspekte des persönlichen Erlebens, Entscheidens und Handelns. Unsichtbares kann sichtbar gemacht werden (Hüther, 2011). Jasmin Messerschmidt zieht folgendes Fazit aus ihrer empirischen Studie zum Einsatz von Bildmaterialen im Coaching:

»Bislang unbewusste Bedürfnisse, Gefühle, Motive und Lebensthemen werden zu einem bewussten Teil der Person, mit denen
sie sich nun auseinandersetzen und in ihr bewusstes Ich integrie-
ren kann. Tiefe, bedeutsame persönliche Themen können in das
Coaching eingebracht, stimmige und selbstkongruente Entwick-
lungsziele identifiziert und bearbeitet werden. Ein ganzheitlicher
Veränderungsprozess wird unterstützt, der i. S. v. Jung auch als
»Bewusstwerdungsprozess« bezeichnet werden kann.« (Messerschmidt 2015, S. 379).

Bildhafte Online-Tools stellen daher eine große Bereicherung für
Online-Coaching dar, insbesondere auch da viele non- und paraverbale Signale fehlen.

Beim Tool »Systembild« etwa gestalten die Klient:innen autark ein
dynamisches Bild, indem sie Hintergründe auswählen können und
in den Kategorien »Personen«, »Tiere«, »Symbole« und »Beziehungen« Figuren in das Bild einbringen. Eine kleine Auswahl zeigt die
folgende Abbildung 18.

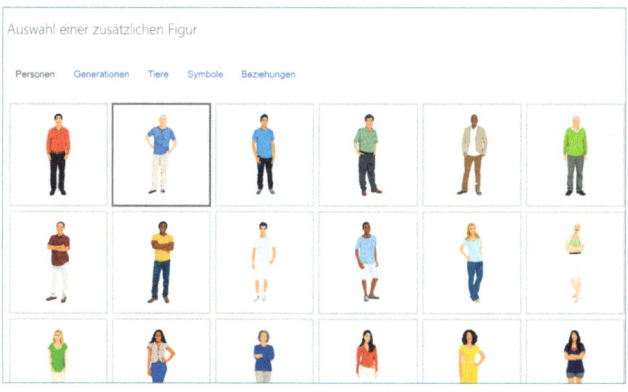

Abbildung 18: Auswahlkategorien im Systembild (© CAI® World)

Bei einigen Plattformen gibt es zusätzlich eine Bildergalerie, bei der aus einem Set vorhandener Bilder diejenigen ausgewählt werden, die assoziativ am besten zum Thema passen, so wie im oben erwähnten Beispiel zur IST-Situation und zum Zielzustand. Auch hier gibt es in der CAI World verschiedene Kategorien (Gebäude, Landschaften, Bäume, Team, Kunst und Einfarbig).

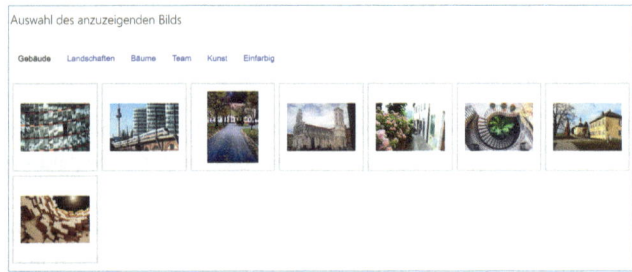

Abbildung 19: Auswahlkategorien in der Bildergalerie (© CAI® World)

In der Chatfunktion neben dem ausgewählten Bild werden die Assoziationen der Klient:innen mitnotiert. Die Visualisierungssymbole des Whiteboards stehen bei der Bildergalerie ebenfalls zur Verfügung.

Dadurch, dass Bilder einen Zugang zu Gefühlen, körperlichen Wahrnehmungen, unbewussten Bedürfnissen und wichtige Lebensthemen eröffnen, bietet die Arbeit mit unterschiedlichen Bildmaterialien große Chancen im Online-Coaching an. Das folgende Fallbeispiel soll dies illustrieren.

3.3.2 Fallbeispiel: bildhafte Darstellung physiologischer Reaktionen

Die Klientin befand sich nach eigener Aussage in einer akuten Bedrohungssituation durch ihre Kollegin. Beide waren Abteilungsleiterinnen. Während ihre Abteilung neu war, hatte die Kollegin diese Funktion schon seit 20 Jahren inne. Sie mussten kooperieren, denn es gab gemeinsame Projekte und die Klientin brauchte für bestimmte Abläufe Informationen von der Kollegin. Ihr neues Aufgabengebiet wurde ihr direkt von der Geschäftsführung und dem Vorstand übertragen und diese setzten große Hoffnungen in ihre neue Abteilung und deren Ergebnisse. Die Klientin berichtet, dass all ihre bisherigen Kooperationsbemühungen fehlgeschlagen seien. Wenn es so weiterginge, würde sie kündigen. Sie leide bereits körperlich an Verspannungskopfschmerzen und Herzrasen.

Die Klientin wurde gebeten, ihre physiologischen Reaktionen bildhaft darzustellen. Sie wählte für sich selbst die Figur einer Frau in einem weißen Kostüm. Beim Anklicken der Figur erscheint diese im Bild. Ihre Nackenverspannungen symbolisierte sie mit einem Stein, den Sie hinter dem Schulter- und Kopfbereich der Frau anordnete und mit der Maus immer größer zog, bis sie es als stimmig erlebte. Sie führte weiter aus,

was geschehe, wenn Sie Herzrasen bekäme: Dann fühle es sich so an, als wenn ihr Herz riesengroß wäre und sie das Gefühl hätte, als würde es aus ihrer Brust herausspringen. Daher ergänzte sie ihr Bild mit einem Herzen aus den Visualisierungstools. Auch dieses zog sie mit der Maus auf die für sie passende Größe.

Abbildung 20:
bildhafte Gestaltung
körperlicher Reaktionen
(© CAI® World)

Im nächsten Schritt wurde sie gebeten, ein Hintergrundbild auszuwählen. Das Bild, welches für sie am besten passte, drückte ihr Gefühl der Enge und Bedrohung aus. Ein Löwe wurde in eine der Wandnischen positioniert und sie meinte, sie wisse nie, aus welcher Ecke die Bedrohung käme. Der Löwe stehe für die Kollegin. Die Enge symbolisiere ihre Abhängigkeit von der Kollegin, dass sie nicht weiterkäme, wenn ihr diese die benötigten Informationen nicht liefern würde. Die Gefährlichkeit des Löwen zeige, dass ihre Position gefährdet sei, da sie ihren Job nicht gut machen könne, wenn die Kollegin weiterhin den Informationsfluss blockiere (Abb. 21).

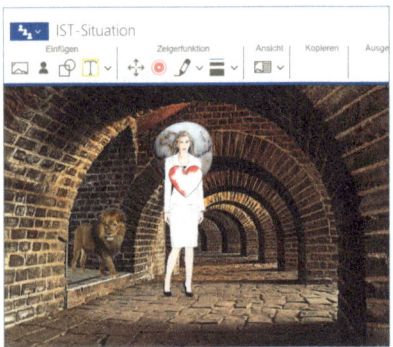

Abbildung 21: IST Situation: Bedrohung (© CAI® World)

Nach der Gestaltung, Betrachtung und Reflexion dieser Anordnung, wurde die Klientin aufgefordert, mit den Symbolen des Bildes zu spielen, d. h. den Stein und das Herz von sich weg zu bewegen und zu spüren, welche Auswirkungen dies auf sie und auch auf die Stimmigkeit des Bildes hätte. Sehr schnell meinte sie, dass der Raum nicht mehr stimmen würde, wenn ihre Symptome geringer würden.

Abbildung 22: bildhafte Darstellung Etappenziel (© CAI® World)

Daraufhin wurde sie gebeten, einen neuen Hintergrund zu wählen und verschiedene Positionen von sich selbst, vom Stein, dem Herzen und dem Löwen auszuprobieren. Es ergaben sich spannende Bildsequenzen, die bei ihr jeweils andere Gefühle und auch andere körperliche Wahrnehmungen auslösten.

Die Klientin wählte eine Wiese mit Schafen und viel Luft um sie herum. Das Gras und die Schafe symbolisierten für sie Lebendigkeit, sie sei schließlich nicht allein, sondern hätte noch viele andere Menschen in ihrer beruflichen Situation um sich herum. Dort stellte sie das Herz hin, welches etwas verkleinert wurde. Der Löwe behielt seine Größe und war nach wie vor eine Bedrohung, sowohl für sie als auch für die Schafe. Der Stein behielt daher auch seine Größe und befand sich immer noch in ihrer Nähe (Abb. 22).

Im Zielbild, für welches sich die Klientin nach einigem Experimentieren entschied, war der Löwe nur noch eine Randfigur und der Stein blockierte ihm den Weg. Sie selbst war größer geworden, das Herz blieb bei den Schafen (Abb. 23).

Als Konsequenz entschied die Klientin, ein Gespräch mit der Geschäftsführung und dem Vorstand zu suchen und ein weiteres mit der Kollegin. Sie stellte Überlegungen an, wie sie ihr Arbeitsgebiet von dem der Kollegin trennen könne und wollte dies mit dem Vorstand und der Geschäftsführung besprechen. Mit der Kollegin wollte sie noch einmal klarstellen, dass diese sich selbst auch behindere, wenn sie die Zusammenarbeit verweigere. Sie machte sich hier aber keine allzu großen Hoffnungen, daher war für sie die größere

Abbildung 23: bildhafte Darstellung eines Zielzustandes (© CAI® World)

Distanz zu ihr und die Grenze (Stein) die stimmigere Lösung. Zusätzlich wollte sie zur Reduktion ihrer Kopfschmerzen ihre Yogaübungen wieder aufnehmen und mehr Zeit mit ihrem Partner verbringen. Insgesamt sollte mehr Zeit für sie selbst und ihr Wohlbefinden zur Verfügung stehen (grünes Gras und Schafe).

In diesem Fallbeispiel wurde zunächst mit der Visualisierung einer körperlichen Verfasstheit begonnen. Diese wurde mit dem Systembild ergänzt und in verschiedenen Etappen in ein Zielbild überführt. Aus dem Zielbild wurden Ziele und Maßnahmen abgeleitet.

4 Das Innere Team online

Virginia Satir, systemische Familientherapeutin, sprach von der Parts Party und beschäftigte sich mit der Integration verschiedener Persönlichkeitsanteile (1978). Die Vorgehensweise wurde von weiteren Autor:innen übernommen bzw. abgewandelt. Verwandte Ansätze finden sich bei Watkins und Watkins mit dem Konzept der Ego-States (2003) oder bei Berne mit der Darstellung von Ich-Zuständen (2012). Im Coaching-Kontext ist insbesondere das »Innere Team« von Schulz von Thun bekannt (2013). Das Innere Team ist dabei als eine Metapher für unterschiedliche Persönlichkeitsanteile zu verstehen, die miteinander kommunizieren, sich verbünden oder sich bekämpfen, je nach Situation und Kontext.

Entsprechend nimmt eine Person diese »inneren Stimmen« als ausbalanciert, widersprüchlich, zurückhaltend, kämpferisch, stark oder schwach wahr. In Problem-, Konflikt- oder Entscheidungssituationen herrscht ein anderes Zusammenspiel dieser inneren Anteile vor als in Phasen des Wohlbefindens und der Klarheit. Friedemann Schulz von Thun hat einen Moderator-Teil als Mitglied des Inneren Teams eingeführt, der sich zurückhalten kann oder das letzte Wort bei Entscheidungsfindungen hat. Schulz von Thun benennt die identifizierten Anteile mit Namen (z. B. der Perfektionist, die Engagierte, der Kritiker usw.) und visualisiert sie mit kleinen Zeichnungen. Bei der Arbeit mit dem Inneren Team wird ein Raum geschaffen, in dem »innere Teammitglieder« zu Wort kommen können. Dies kann auch darüber geschehen, dass ein Coach auffordert, die verschiedenen »Teammitglieder« sinnlich wahrzunehmen und zu »hören«, was sie sagen.

Die psychodramatische Psychotherapeutin Dagmar Kumbier arbeitet mit dem Inneren Team und reinszeniert den inneren Dialog der entsprechenden Anteile von Klient:innen mit Stellvertreter:innen, die auf einer Bühne aufgestellt werden, wobei sie die Gefühle der Stellvertreter:innen erkundet. Es kann zu einem Rollentausch und zur Etablierung von Hilf-Ichs kommen. Es geht dabei um das Ergründen (nicht um das Auflösen) des Leidens. Sie nutzt diese Form der Aufstellung weniger für die Suche nach Zielen und Lösungen, sondern eher als eine Möglichkeit um die unbewusste, innere Dynamik, die in einem Problem steckt, zu erhellen. Die Autorin führt aus, dass durch das Bewusstmachen der innerpsychischen Dynamik und dem Erschließen ihrer Bedeutung ein Veränderungs- und Wachstumsprozess beginnen könne (Kumbier, 2016).

Ergänzend zu dieser Sichtweise kann nach dem Erkunden der innerpsychischen Dynamik herausgefunden werden, welches die für die Klient:innen beste Verfasstheit wäre, die sie ihren Zielen und nächsten Entwicklungsschritten näherbringen würde. Hier ist ebenfalls das Einfühlen in die einzelnen inneren Anteile und in die Bedürfnisse nötig, die sie repräsentieren, um in einen inneren Dialog zu kommen, der einen Zustand ermöglicht, der diesen Bedürfnissen auf eine neue Art und Weise gerecht wird. Bei der Arbeit mit dem Inneren Team geht es gewissermaßen um eine Art der Teamentwicklung, in deren Verlauf es zu einer intensiven Selbstklärung kommt. Das Ziel ist die im inneren System der Klient:innen stimmige Handlungsfähigkeit in vormals problematischen Situationen herzustellen.

4.1 Online-Coaching mit dem Inneren Team

Die Arbeit mit dem Inneren Team kann in verschiedenen Online-Plattformen durch die Auswahl und Positionierung von Figuren umgesetzt werden. Bei dem Online-Tool »Inneres Team« der CAI World z. B. kann aus einem Angebot verschiedener Silhouetten in einem ersten Schritt eine Hintergrundfigur ausgewählt werden (Abb. 24).

Abbildung 24: Silhouetten für das Innere Team (© CAI® World)

Danach werden verschiedenfarbige »kleine Köpfe« zur Darstellung der inneren Teammitglieder angeklickt und auf der ausgewählten Silhouette angeordnet. Ihnen können mit Karten Sätze oder Wörter zugeordnet werden. Die schematischen Zeichnungen, wie sie Schultz von Thun (2013) oder Kumbier (2016) verwenden, um verschiedene innere Teammitglieder und ihre Emotionen zu skizzieren, können auch auf einem Whiteboard und der Zeichenfunktion ausgeführt werden.

Mithilfe der verschiedenen Visualisierungsmöglichkeiten (Online-Tool Inneres Team oder Whiteboard) wird ein IST-Bild und ein Lösungsbild erstellt. Wenn das IST-Bild dargestellt und besprochen worden ist, kann für die Vorbereitung des nächsten Schrittes das Bild kopiert werden. Somit bleibt der IST-Zustand erhalten, während in der Kopie die gewünschten Veränderungen vorgenommen werden können. Diese Kopierfunktion stellt eine Möglichkeit dar, sie muss nicht zwingend genutzt werden, denn es kann auch ein ganz neues Bild erstellt werden.

Für das Auffinden eines Lösungsbildes werden Klient:innen in eine positive Grundstimmung versetzt. Dieser Vorgang kann mithilfe von Bildmaterialien unterstützt werden, indem ein Bild ausgewählt wird, welches für die Klient:innen eine positive Stimmung ausdrückt. Hierfür wird das Online-Tool »Bildergalerie« eingesetzt. Alternativ kann dies auch durch Imagination erreicht werden, indem sich die jeweiligen Klient:innen in bereits erlebte oder in eine zukünftige, fiktive Situation ganzheitlich mit allen Sinnen hineinversetzen. Dabei können Assoziationen mit Bildern, Gerüchen, Gefühlen etc. ausgelöst werden.

4.2 Fallbeispiel: Online-Einsatz des Inneren Teams

Eine Klientin hatte interimsweise zwei Bereiche geleitet und fühlte sich stark unter Druck gesetzt. Sie würde zwar aktuell Entlastung erfahren, insofern als dass sie ab jetzt nur noch für einen Bereich zuständig sei, doch möchte sich im Coaching mit verschiedenen Themen beschäftigen, wie z. B. ihre Positionierung im Top Management der Männerwelt, Stressbewältigung, Sicherheit in ihrer Funktion, Umgang mit operativer Hektik und damit, dass jede Anforderung dringend, wichtig und mit Vorstandsbeteiligung an sie herangetragen werde. Sie sei Mutter von zwei kleinen Kindern, ihr Ehemann sei ebenfalls berufstätig. Eine weitere Entlastung erhalte sie durch ihre Mutter, die im Haushalt Unterstützung leistete. Sie beschrieb sich selbst als inhaltlich fit in den Themen, allerdings sei sie noch nicht ganz in ihrer Position angekommen. Dies wolle sie innerhalb eines Jahres erreichen. Sie sei es gewohnt viel zu arbeiten und ihre Anwesenheit am Arbeitsplatz, auch in Corona-Zeiten, verstünde sie als Wertschätzung für ihre Mitarbeiter:innen. Gleichzeitig sagte sie, zwei Wochen Pause täten ihr gut. Ihr Wunsch sei es mit gutem

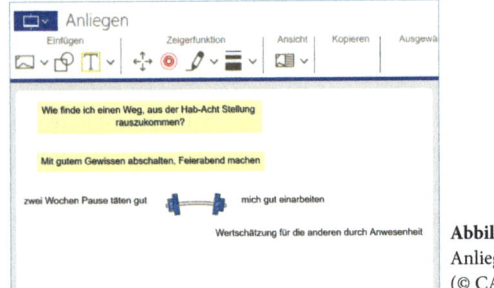

Abbildung 25:
Anliegenklärung
(© CAI® World)

Gewissen abschalten und Feierabend machen zu können. Ihr Anliegen: »Wie finde ich einen Weg, aus der Hab-Acht Stellung rauszukommen?« schrieb sie auf ein Whiteboard und symbolisierte ihre Situation durch eine Hantel mit zwei schweren Gewichten auf beiden Seiten.

Die Klientin sprach sehr schnell, Ihr Druck war ihrer Stimme und ihrem Sprechtempo deutlich anzumerken. Einerseits wisse sie, was sie möchte und was ihr guttut, was sie nicht umsetzen könne, da sie sich andererseits durch ihr Pflicht- und Verantwortungsgefühl so gebunden fühle. Verschieden Anteile von ihr wollten Unterschiedliches. Daher bot sich die Arbeit mit dem Inneren Team an. Der Coach öffnete das Online-Tool »Inneres Team« und die Klientin suchte sich folgende Hintergrund-silhouette aus der in Abbildung 24 gezeigten Vorlage zur Gestaltung des Inneren Teams aus (Abb. 26):

Abbildung 26: Auswahl der Silhouette durch die Klientin (© CAI® World)

In der folgenden Sequenz wurden Innere Anteile/Stimmen identifiziert, welche die Klientin in ihrer aktuellen Situation wahrnahm. Sie gestaltete diese mit den hierfür vorhandenen Symbolen, wobei sie den jeweiligen Namen des Inneren Anteils wählte, dem Anteil eine Farbe gab, seine Größe festlegte und ihn auf der Hintergrundsilhouette positionierte. Dieser Prozess gestaltete sich sehr intensiv. Die meiste Zeit brauchte die Klientin für die Identifikation und Benennung der verschiedenen Anteile. Die Reflexion darüber ging mit einer gewissen Verunsicherung und Sucharbeit einher. Die Farbgebung fiel ihr leicht und die Größe konnte sie spontan bestimmen. Der emotionale Zugang schien hier einfacher zu sein.

Es entstand viel Dynamik bei der Anordnung der Teile. Die Klientin probierte unterschiedliche Stellen auf der Silhouette an verschiedenen Körperteilen aus und verschob diese auch wieder bis sie das Gesamtbild als stimmig empfand. In diesem Prozessschritt war die Klientin nicht nur in einer intensiven Reflexionsphase, sie hatte guten Zugang zu ihren Emotionen und körperlichen Wahrnehmungen. Sie fand, dass dies alles schwer zu tragen sei und beschrieb ihre Bauchgegend als angespannt und verkrampft. Hier sei eine Schutzspannung aufgebaut. Das endgültige Bild zeigt Abbildung 27.

Die Größe und Anordnung der inneren Anteile zeigte die Dominanz der Vernunft, der Verantwortung und der Pflicht, sowie des Sicherheitsstrebens. Ebenfalls prominent war die Haltung für andere da zu sein (es anderen recht machen, helfen). Genuss, Energie und Gelassenheit hatten eine relativ gleichwertige Stellung zueinander, allerdings waren diese Teile sehr viel kleiner als die bereits genannten, dominanten Anteile. Deutlich untergeordnet waren die Anteile, welche die Familie, den Selbstschutz und die Selbstliebe repräsentierten.

Für die Musterzustandsänderung und Einleitung der Lösungstrance wurde an den Gefühlen der Klientin angeknüpft, welche sie in der

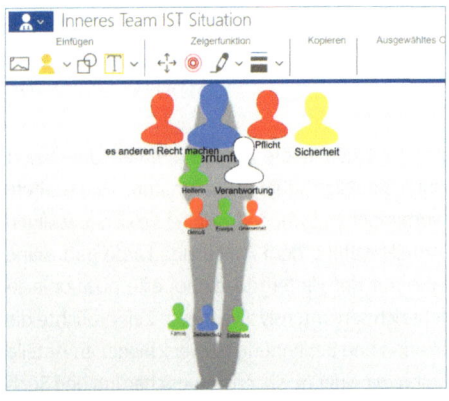

Abbildung 27:
Inneres Team
IST-Situation
(© CAI® World)

Bauchregion im Problemzustand deutlich wahrgenommen hatte. Da sie spontan in der Bauchregion ihren Problemzustand lokalisierte, wurde der Bauch beim Übergang in einen Lösungszustand zuerst angesprochen. Die Klientin wurde dazu aufgefordert nachzuspüren, wie sich ihre Bauchregion anfühle, wenn es ihr sehr gut geht. Es gelang ihr rasch, den Lösungszustand mit einem entspannten Bauch zu beschreiben und sich unbeschwert zu fühlen. Zu ihrem Problemzustand gehörten auch das Hochziehen der Schultern, schnellere Atmung, Anspannung und ein Engegefühl in der Brust, so dass mit der Anweisung, die Schultern gezielt fallen zu lassen und bewusst auszuatmen der Entspannungseffekt deutlich verstärkt werden konnte. Die Stimme der Klientin veränderte sich insofern, als sie etwas tiefer wurde und sie langsamer sprach und atmete.

Das Tool mit dem Ist-Bild zur Darstellung der Inneren Anteile wurde durch den Coach kopiert, so dass die Klientin in der Kopie die Anteile frei bewegen konnte, ohne die Darstellung der IST-Situation verändern zu müssen. Sie wurde immer wieder angeleitet, in ihrem Lösungszustand zu bleiben, die Schultern unten zu lassen, tief zu atmen und ihren Bauch zu entspannen. Aus diesem Zustand heraus veränderte die Klientin sehr schnell die Anordnung der Anteile zu ihrer Wunsch-Situation (Abb. 28).

Die neue Anordnung der inneren Anteile ergab ein grundlegend anderes Bild. Familie, Selbstschutz und Selbstliebe wanderten von der

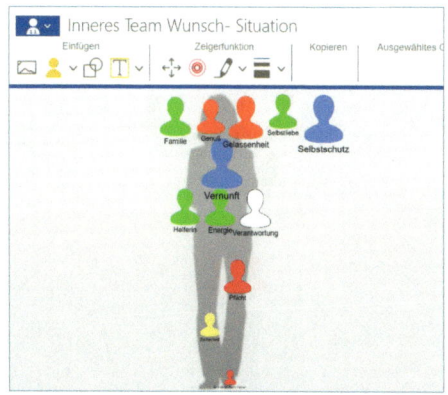

Abbildung 28:
Inneres Team,
Wunsch-Situation
(© CAI® World)

untersten Ebene auf die höchste. Diese Ebene teilten sie mit Genuss und Gelassenheit. Alle diese Teile hatten somit eine andere Priorität erhalten, nicht nur durch den neuen Standort, sondern auch durch die Veränderung der Größe, wobei Gelassenheit und Selbstschutz noch größer wurden als die anderen Anteile auf gleicher Höhe. Nur die Vernunft behielt ihre dominante Größe bei, wurde aber in die zweite Reihe geschoben, wenn auch sehr zentral auf der Hintergrundfigur angeordnet. Die Energie blieb auf ihrer Stelle in der Bauchregion, gewann allerdings an Größe. Die Verantwortung und die Helferin gesellten sich zu ihr. Die Pflicht und die Sicherheit verloren deutlich an Stellenwert, während der Teil, der es anderen recht machen möchte, auf die unterste Stufe kam. »Mit den Füßen treten« wollte die Klientin ihn nicht, aber so weit wie möglich nach unten befördern.

Ausgehend von diesem Wunschbild, welches in starkem Kontrast zum Ist-Bild stand, wurde noch eine weitere Anordnung der inneren Anteile vorgenommen, welche einen Zwischenschritt zur Erreichung des Wunsch-Bildes darstellen sollte, um in den Alltag der Klientin realistischerweise schneller integriert zu werden. Die Klientin blieb hierfür in ihrem Lösungszustand und probierte verschieden Anordnungen ihrer inneren Anteile aus. Auch diese Sequenz war hoch dynamisch, sie brauchte keine Anleitung mehr, sondern bewegte die Anteile und überprüfte eigenständig ihr Befinden je nach Gestaltung des Gesamtbildes. Finalisiert sah die von ihr gestaltete Anordnung folgendermaßen aus (Abb. 29):

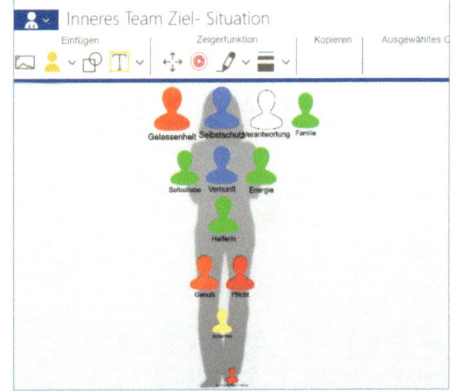

Abbildung 29: Inneres Team, Ziel-Situation (© CAI® World)

Die Selbstliebe kam von der ersten in die zweite Reihe, wo sie zusammen mit der Vernunft (die ihren behielt, doch allerdings kleiner wurde) und der Energie (die in die zweite Reihe aufstieg) in gleicher Größe angeordnet wurde. Auch der Genuss verlor seine Position in der ersten Reihe und kam viel weiter nach unten. Die Verantwortung rutschte wieder in die erste Reihe. Somit wurden Gelassenheit, Selbstschutz, Verantwortung und Familie zu den höchst priorisierten Anteilen.

Der nächste Prozessschritt bestand in der Überführung dieses Ziel-Bildes auf die aktuelle Situation der Klientin. Hierfür wurden Ziele konkretisiert, deren Erreichung der Klientin zeigen würde, dass sich die Ziel-Anordnung ihrer Inneren Anteile bereits verwirkliche. Der Coach nutzte hierfür folgende Fragen aus dem Frageset der Phase Zielfindung (Abb. 30):

Tun Sie so, als ob das Ziel schon erreicht wäre!

Wie werden Sie sich konkret verhalten, wenn Sie Ihr Ziel erreicht haben?

Abbildung 30: Ausschnitt aus dem Frageset der Phase »Zielfindung« (© CAI® World)

Diese Fragen wurden immer wieder wiederholt, um der Klientin dabei zu helfen, ihre Ziele zu finden und zu konkretisieren. Eine weitere Hilfestellung war die Erinnerung daran, die Schultern fallen zu lassen und tief zu atmen.

Auf einem Whiteboard wurden die Ziele, die die Klientin benannte, mit gelben Kärtchen aufgelistet. Daraufhin wurde ein Lösungsbrainstorming durchgeführt. Hierfür wurde mit äußeren Perspektiven gearbeitet und Fragen aus dem Frageset »Lösungssuche« genutzt (Abb. 31):

Welche Personen sind für Sie gute Beispiele im Umgang mit ihrer beruflichen Situation?

Was raten Ihnen diese, was sollten Sie tun, um Ihre Ziele zu erreichen?

Abbildung 31: Ausschnitt aus dem Frageset der Phase »Lösungssuche« (© CAI® World)

Die Klientin nannte zwei Personen und versetzte sich in deren Perspektive. Die Ratschläge, welche sie von diesen Perspektiven »hörte«, wurden auf grüne Kärtchen geschrieben und zu den jeweiligen Zielen angeordnet.

Danach erfolgte die Auswahl der für sie passenden Maßnahmen aus den gefundenen Lösungsideen und eine konkrete erste Schritt-Planung der Umsetzung. Die Klientin hatte eine Assistentin, welche nach längerer Abwesenheit wieder anfing zu arbeiten. Ihr erster Schritt sollte ein Gespräch mit der Assistentin sein, um die Unterstützungsmöglichkeiten zu besprechen, welche sie sich von ihr erwarten konnte. Sie hatte bisher äußerst gute Erfahrungen mit der Assistentin gemacht und verspürte die Hoffnung, dass sie dieses Vorgehen entlasten und damit voranbringen würde. Als gleichrangig und ebenfalls sofort durchführbar wurden die Atemübungen ausgewählt, sowie die Karte »Entspann Dich, gib Dir ein Jahr Zeit, Dich einzuarbeiten«.

Die Übersicht auf dem Whiteboard sah folgendermaßen aus (Abb. 32):

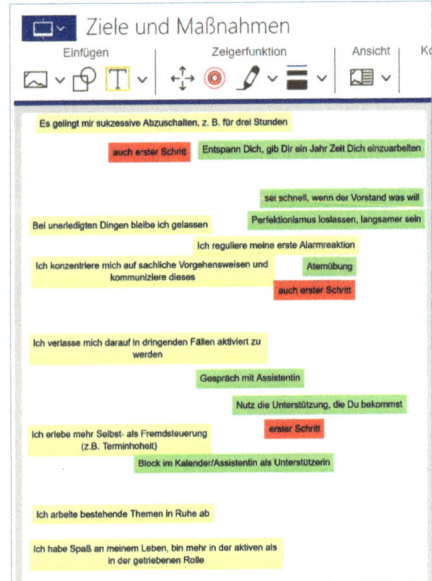

Abbildung 32: Ziele und Maßnahmen (© CAI® World)

Die Evaluation der Sitzung ergab, dass die Klientin für sich einen sehr stimmigen Weg gefunden hatte, aus ihrer Hab-Acht Stellung rauszukommen. Sie schrieb kurze Zeit später, dass sie das Gespräch mit ihrer Assistentin geführt hatte, die Atemübungen zwar nicht häufig, aber doch täglich durchführe und den Freitagnachmittag freinähme, um mit ihren Kindern etwas zu unternehmen. Der nächste Termin fand vier Wochen später statt. Die Klientin berichtete über die von ihr vorgenommenen Umsetzungsschritte (Abb. 33):

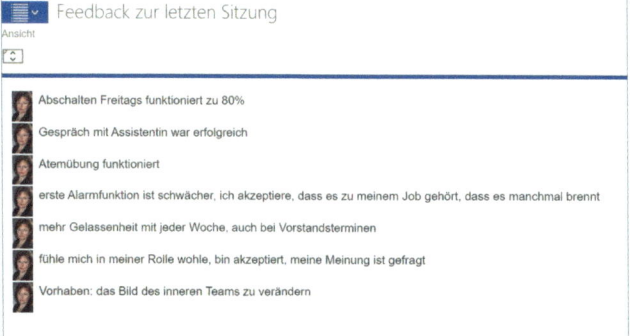

Abbildung 33: Feedback zur letzten Sitzung (© CAI® World)

Sie war vollends zufrieden mit diesem Ergebnis und bearbeitete in dieser Sitzung ihre Mutterrolle.

In diesem Fallbeispiel wurde mit dem Whiteboard bei der Anliegenklärung und Situationsbeschreibung gearbeitet. Nach der Entscheidung, das Innere Team als methodisches Vorgehen einzusetzen, wurde die Situationsbeschreibung mit der Suche und visuellen Darstellung der Inneren Teammitglieder fortgesetzt.

Die Musterzustandsänderung erfolgte über das Erkunden physiologischer Kennzeichen des Problemzustandes und deren gezielte Umwandlung in einen Lösungszustand. Aus der positiven Befindlichkeit des Lösungszustandes wurde das Wunsch-Bild zu der Anordnung der Inneren Anteile entwickelt und dargestellt. Eine Zwischenetappe zwischen IST- und Wunsch-Bild wurde mit einem Ziel-Bild erarbeitet. Aus diesem konnten Ziele und Umsetzungsmaßnahmen abgeleitet werden, welche auf einem Whiteboard dargestellt wurden. Die Auswertung dieser synchronen Coachingsitzung erfolgte durch die Rückbindung zum Anliegen und wurde von der Klientin positiv beantwortet, was sich durch das vier Wochen später erhobene Feedback zu den umgesetzten Maßnahmen bestätigte.

5 Systemische Aufstellung online im zweidimensionalen Raum

In der Organisationsaufstellung, der Familienaufstellung bzw. der systemischen Aufstellung werden Personen als Stellvertreter:innen bzw. Repräsentant:innen für Personen oder Themen auf einer »Bühne« aufgestellt. Varga von Kibéd und Insa Sparrer (2009) sprechen von »repräsentierenden Wahrnehmungen« der aufgestellten Personen. Damit ist gemeint, dass den Repräsentant:innen durch die Aufstellung Informationen zugänglich werden, über die sie normalerweise nicht verfügen können, da sie ihnen nicht mitgeteilt worden sind. Sie erhalten diese Informationen vielmehr durch das Erleben der Systemdynamik, die sie aufgrund des Ortes, an dem sie stehen (hingestellt worden sind), auch körperlich wahrnehmen. Diese Prämisse muss allerdings kritisch hinterfragt werden (Ryba u. Roth, 2017).

Eine Aufstellung, bei der Figuren statt menschlicher Repräsentant:innen eingesetzt werden, stellt die subjektive Perspektive der Klient:innen dar und kein objektiv zu analysierendes oder zu deutendes Phänomen. Sie bietet Raum für die Klient:innen, die für sie stimmigen Ziele zu finden und symbolische Lösungen zu erarbeiten. Das hierfür nötige Wissen liegt in den Klient:innen selbst. Diese Vorstellungen entsprechen den lösungsorientierten, systemischen Beratungsansätzen. Danach sind Systeme komplexe und dynamische Einheiten aufeinander bezogener Variablen und ihrer Wechselwirkungen. Was als System oder Systemausschnitt definiert wird, ist willkürlich und von der Perspektive der das System beobachtenden Person(en) abhängig. Im Coaching geht es darum, systemische Wechselwirkungen auf das Erleben und Verhalten von Personen zu betrachten, um zieldienliche Veränderungen vornehmen zu können. Hierzu werden

Systeme visualisiert, wobei die Visualisierung verdichtete und symbolisch dargebotene Informationen über Emotionen, Beziehungen und Dynamiken enthält.

5.1 Online-Coaching mit der systemischen Aufstellung

Aufstellungen können in verschiedenen Coaching-Plattformen durchgeführt werden. In der CAI World z. B. wählen Klient:innen im Aufstellungstool ein Hintergrundbild aus, das ihrer Stimmung in der darzustellenden Szene entspricht. Danach können mit unterschiedlichen Figuren und Symbolen Personen, Gegenstände und Themen hinzugefügt werden. Für die eigene Person und die in der Situation beteiligten weiteren Personen werden jeweils symbolische Darstellungen gewählt. Alle Figuren bzw. Symbole können bewegt, vergrößert bzw. verkleinert, in den Hinter- oder Vordergrund zueinander positioniert und mit Karten bzw. Beziehungspfeilen versehen werden. In einem neben der Aufstellungsfläche angebrachten Chatfenster kann reflektiert bzw. bei einem verbalen Austausch schlagwortartig mitprotokolliert werden. Wird eine Aufstellung im Einzelcoaching im face-to-face Format durchgeführt, werden häufig Spielsteine, Lego- oder Playmobilfiguren, neutrale Kegel, eigens angefertigte Buchenholzsilhouetten und viele andere Visualisierungsmöglichkeiten zur Abbildung eines systemischen Zusammenhangs genutzt. In der CAI World wird das Online-Tool, welches hierfür vorgesehen ist, »Systembild (Aufstellung)« genannt. Damit ist kein statisches Bild gemeint, sondern ein hochdynamisches Geschehen, bei welchem die Klient:innen agieren und intensiv erleben können.

In einem Gruppensetting können die verschiedenen Teilnehmer:innen eine symbolische Darstellung von der Fallgeberin zugewiesen bekommen oder sich selbst eine aussuchen. Als Repräsentant:innen können sie diese verändern und bewegen. Im Gruppensetting kann die Gruppe noch auf eine andere Art genutzt werden. Die definierte Klientin (Fallgeberin) erstellt ein Systembild zu ihrem Thema und die Gruppe gibt Feedback zu ihren Wahrnehmungen und zu den Ressourcen im Bild, macht eine Bildbeschreibung und stellt eigene Assoziationen zur Verfügung. Nachdem die Klientin ihr IST-Bild in ein Ziel-Bild transformiert hat, kann die Gruppe ein Lösungsbrainstorming zum Ziel-Bild durchführen.

Im folgenden Fallbeispiel hat eine Klientin die Situation mit ihrer Vorgesetzen in einem Systembild dargestellt und erkundet verschiedene Lösungswege, in dem sie in diesem Bild handelt.

5.2 Fallbeispiel: Online-Einsatz des Systembildes (Aufstellung)

Die Klientin ist Abteilungsleiterin und schilderte eine für sie sehr belastende Situation mit der Hauptabteilungsleiterin. Diese hätte darauf hingearbeitet, dass die Klientin ihren Arbeitsplatz an einen neuen Standort verlegte. Hierzu gab es Versprechungen, welche die Chefin aber nicht eingehalten hätte. Diese würde äußerst abwertend kommunizieren, mit Druck arbeiten und Erfolge nicht anerkennen.

Auf dem Whiteboard wählte die Klientin für den neuen Standort das Symbol eines Hauses und formulierte ihr Anliegen in dieser Coachingsitzung folgendermaßen: »Wie bekomme ich emotionale Distanz zu den Aussagen der Chefin?« Sie skizzierte ihre aktuelle Situation mit verschiedenfarbigen Karten (Abb. 34).

Abbildung 34: Anliegen und Situationsbeschreibung (© CAI® World)

Im Chatfenster neben dem Whiteboard notierte die Coach mit der Protokollfunktion einige Aussagen der Klientin mit (Abb. 35):

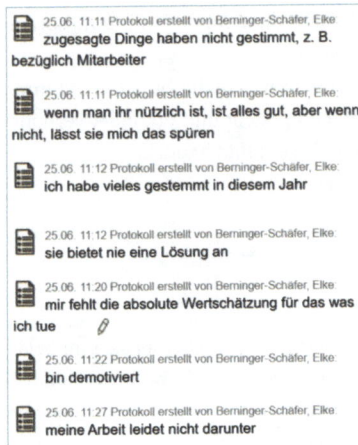

25.06. 11.11 Protokoll erstellt von Berninger-Schäfer, Elke:
zugesagte Dinge haben nicht gestimmt, z. B. bezüglich Mitarbeiter

25.06. 11.11 Protokoll erstellt von Berninger-Schäfer, Elke:
wenn man ihr nützlich ist, ist alles gut, aber wenn nicht, lässt sie mich das spüren

25.06. 11.12 Protokoll erstellt von Berninger-Schäfer, Elke:
ich habe vieles gestemmt in diesem Jahr

25.06. 11.12 Protokoll erstellt von Berninger-Schäfer, Elke:
sie bietet nie eine Lösung an

25.06. 11.20 Protokoll erstellt von Berninger-Schäfer, Elke:
mir fehlt die absolute Wertschätzung für das was ich tue

25.06. 11.22 Protokoll erstellt von Berninger-Schäfer, Elke:
bin demotiviert

25.06. 11.27 Protokoll erstellt von Berninger-Schäfer, Elke:
meine Arbeit leidet nicht darunter

Abbildung 35: Chatprotokoll zur Anliegenklärung (© CAI® World)

Die aktuelle Situation wurde danach mit dem Tool »Systembild (Aufstellung)« der CAI Plattform dargestellt. Zunächst wählte die Klientin ein Hintergrundbild aus, welches sie mit ihrer Situation assoziiert. Hierzu werden viele unterschiedliche Motive angeboten. Die folgende Abbildung zeigt einen kleinen Ausschnitt daraus (Abb. 36):

Abbildung 36: Hintergrundbilder Systembild (Aufstellung) (© CAI® World)

Die Klientin entschied sich für folgenden Hintergrund (Abb. 37):

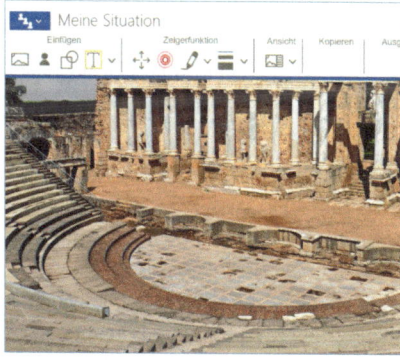

Abbildung 37: ausge-
wähltes Hintergrundbild
in der Fallbeschreibung
(© CAI® World)

Ihre Assoziation zu dem Bild war: »Das war mal toll und imposant, aktuell
denke ich aber, wann ist es soweit, wann fällt es zusammen.« Daraufhin
wählte sie je eine Figur für die Chefin und für sich selbst aus. Sie positionierte beide Figuren im Bild und vergrößerte sie. Die sie selbst repräsen-
tierende Figur stand im Vordergrund des Bildes und wurde mit der Maus
stark vergrößert. Die Königin, welche die Chefin darstellte, wurde zwar
auch vergrößert, allerdings viel weniger als die eigene Figur der Klientin.
Die Königin stand am Rand der Bühne, sie selbst mit einem Bein auf der
Treppenstufe nach oben und mit einem Bein auf der Bühne. (Abb. 38)

Abbildung 38: Erste Aufstellung der IST-Situation
(© CAI® World)

Die Coach spiegelte ihr die Größenverhältnisse und die unterschiedlichen Symboltypen (z. B. dass die Figur der Königin aus einem anderen
Jahrhundert stamme als die Figur, die sie für sich selbst wählte). Sie
gab ihr auch das Feedback, dass die Figur der Klientin sehr freundlich
und positiv wirke. Die Klientin bekräftigte, dass es sich genauso für sie
anfühlte.

Im nächsten Schritt nutzte die Klientin weitere Visualisierungssymbole um ihr Befinden in dieser Situation darzustellen. Sie meinte, in
ihrem Gesicht könne man immer alles ablesen, insbesondere bekäme
sie in ärgerlichen Situationen eine Zornesfalte. Hierfür wählte sie aus
den Visualisierungssymbolen einen Blitz aus und brachte ihn an ihrer
Stirn an. In der Problemsituation ziehe sich ihre vordere Seite zusammen,
ihr Herz verkrampfe. Sie wählte einen Knoten, um dies darzustellen
und fuhr fort, die Situaion zu erklären, indem Sie Kärtchen auf das Bild
brachte. Sie beschrieb, dass sie normalerweise alles mit sich selbst aus-
mache, nur wenn sich ihr Ärger potenziere, spräche sie es an. Sie hätte
gute Erfahrungen mit dem Ansprechen von Problemen gemacht und
auch damit, sich immer wieder abzugrenzen. Dadurch wurde eine wertvolle Ressource benannt, die für die Klientin auch erklärte, warum sie
so groß, freundlich und offen in ihrer Darstellung wirkte. Ihre Überzeu-
gung, dass sie gute Arbeit leiste, drückte sie explizit mit einer Karte aus
(Abb. 39).

Abbildung 39: IST-Situation im Systembild (Auf-
stellung) (© CAI® World)

Die Klientin wurde nach Erstellung des IST-Bildes und der Beschreibung der aktuellen Situation und ihrer Ressourcen auf eine Zukunftsreise geschickt. Sie wurde gebeten, sich vorzustellen, dass ihr Problem gelöst sei, auch wenn im Moment noch unklar wäre, wie. Sie wurde angeleitet, sich ganz in diesen Zustand zu versetzen und wahrzunehmen, was sich dadurch bei ihr selbst verändere. Die Coach leitete sie verbal an, ganz in den Zustand der gelungenen Lösung hineinzugehen und zu fühlen, was dann anders wäre in ihren Gedanken, Emotionen und körperlichen Reaktionen.

Das in der Situationsbeschreibung bereits gestaltete Bild wurde kopiert und als Zielbild definiert. In diesem Bild nahm die Klientin diejenigen Veränderungen vor, die sie eben in ihrer Zukunftsvision wahrgenommen hatte. Zuerst entfernte sie den Knoten und den Blitz von der sie darstellenden Figur. Sie bewegte ihre Figur ein paar Treppenstufen weiter nach oben und stellte dadurch mehr Distanz zur Figur der Königin her (Abb. 41).

Mit folgenden Aussagen beschrieb sie diesem Zustand (Abb. 40):

25.06. 11:46 Protokoll erstellt von Berninger-Schäfer, Elke:
ich entwickle eine Gleichgültigkeit ob sie da ist oder nicht

25.06. 11:47 Protokoll erstellt von Berninger-Schäfer, Elke:
Ich mache ungestört meine Arbeit

25.06. 11:50 Protokoll erstellt von Berninger-Schäfer, Elke:
Ich entscheide, wann ich Zeit investiere in den Kontakt mit ihr

25.06. 11:55 Protokoll erstellt von Berninger-Schäfer, Elke:
Ich habe mehr Distanz zu ihr

25.06. 11:57 Protokoll erstellt von Berninger-Schäfer, Elke:
Ich bin nicht mehr auf der Bühne

25.06. 11:57 Protokoll erstellt von Berninger-Schäfer, Elke:
Ich bleibe gelassen und gehe entspannt mit ihr um

Abbildung 40: Chatprotoll zum Zielbild (© CAI® World)

Das veränderte Bild, welches ihren gewünschten Zustand repräsentierte, sah folgendermaßen aus:

Abbildung 41: aufgestelltes Zielbild im Systembild (© CAI® World)

Dieses spontan von der Klientin erstellte Bild wurde von ihr als Zielbild definiert. Um den Weg vom IST-Bild der aktuellen Situation zum Zielbild zu erkunden, wurden Etappen durch die Klientin ausprobiert. Hierzu wurde das Bild erneut kopiert und die Klientin konnte darin »spielen«, d. h. verschiedene Veränderungen vornehmen und überprüfen, wie sich das auf sie auswirkte. Sie veränderte zunächst ihre eigene Position und stellte sich wieder etwas näher an die Bühne heran. Daraufhin beschäftigte sie sich mit dem Blitz und dem Knoten. Es machte ihr Spaß, den Knoten der Königin zuzuwerfen. Ihre Stimme wurde lauter, sie lachte auf, es ging eine deutliche emotionale Entlastung damit einher. Der Blitz wurde an den oberen Bildrand gesetzt. Ein Schutzschild stellte eine weitere Barriere zwischen ihr und der Königin dar.

Auch wenn die Abbildungen statisch wirken, so war dieses »Spielen« mit verschiedenen Varianten für die Klientin eine sehr intensive, hochkonzentrierte Vorgehensweise. Sie war ganz in dem Bild, sie handelte und fühlte den Unterschied zwischen verschiedenen Varianten. So bewegte sie den Knoten an völlig unterschiedliche Stellen, genauso den Schild. Dieses Vorgehen ermöglichte ihr das ganzheitliche Erkunden unterschiedlicher Perspektiven und Handlungsmöglichkeiten. Es kam zu einer Verflüssigung der Problemsituation und es wurde die Grundlage gelegt für das Auffinden von Lösungsschritten (Abb. 42).

Abbildung 42:
aufgestelltes Etappenziel
(© CAI® World)

Einige ihrer Aussagen während diesem Experimentieren wurden mit-protokolliert (Abb. 43):

25.06. 12:00 Protokoll erstellt von Berninger-Schäfer, Elke:
Sie lernt wie man mit mir umzugehen hat, um mich nicht zu vergraulen

25.06. 12:02 Protokoll erstellt von Berninger-Schäfer, Elke:
Ich reagiere zeitnah und ziehe eine für sie sichtbare Grenze

25.06. 12:06 Protokoll erstellt von Berninger-Schäfer, Elke:
Ich gebe den Knoten schneller ab

25.06. 12:09 Protokoll erstellt von Berninger-Schäfer, Elke:
Bei ungerechtfertigten Aussagen gehe ich aus dem Feld

25.06. 12:09 Protokoll erstellt von Berninger-Schäfer, Elke:
Ich weiche aus

Abbildung 43: Chatprotokoll zum Etappenziel (© CAI® World)

Diese assoziative Arbeit mit dem Systembild ging mit starken Trance-effekten einher. Das Gestalten und Verändern der Bilder war ein krea-tiver Akt, welcher von der Klientin mit fokussierter Aufmerksamkeit und emotionaler Involvierung durchgeführt wurde. Sie erlebte den Lö-sungszustand physiologisch, sowie die dazu gehörenden Gefühle und Gedanken. Sie sprach diese Gedanken aus und sah sie fast zeitgleich im Chat, in dem die Coach mitprotokollierte. Dieses unmittelbare Feedback hatte eine verstärkende Wirkung und vertiefte das Erleben. Beim Umgestalten des Problembildes in ein Lösungsbild fand für sie bereits eine Problemlösung statt, da die Klientin einzelne Schritte ausprobieren und mit ihrer Befindlichkeit abgleichen konnte. Dies geschah in einem durch die Coach gestützten und geschützten Raum, in dem Empathie, Akzeptanz und Wohlwollen herrschten. Die Askese der Coach, d. h. die Zurückhaltung mit eigenen Assoziationen, Hypothesen und Wertungen ermöglichte es der Klientin, ganz in ihrem Tun zu versinken. Somit konnte die Lösungstrance dafür genutzt werden, diejenigen Ziele abzuleiten, die für die Klientin emotional positiv besetzt waren und damit eine hohe Umsetzungswahrscheinlichkeit hatten.

Mit der Klientin wurden folgende Ziele und Lösungsideen erarbeitet und auf einem Whiteboard festgehalten (Abb. 44):

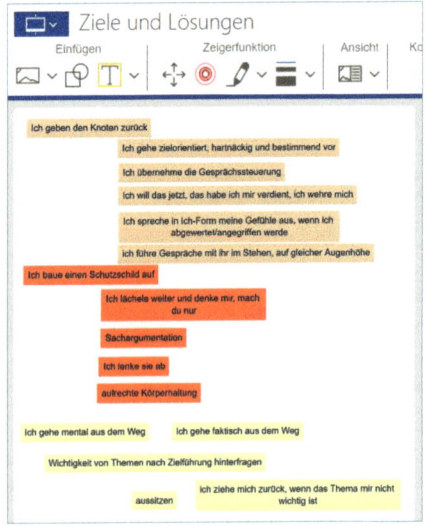

Abbildung 44:
Ziele und Lösungen
auf dem Whiteboard
(© CAI® World)

Der Schritt der Lösungsfindung wurde erleichtert durch die Fragen: »Woran werden Sie erkennen, dass sich ihr Lösungsbild verwirklicht?«

»Was passiert dann genau?«. Mit der Auflistung auf einem Whiteboard wurde die assoziative Ebene verlassen und eine reflexive, strukturierende Ebene angesprochen. An dieser Stelle ging es um konkrete Handlungsoptionen, welche die Klientin in der Echtsituation durchführen konnte.

Die Rückbindung zu ihrem anfangs geäußerten Anliegen »Wie bekomme ich emotionale Distanz zu den Aussagen der Chefin?« hat sie als vollumfänglich bearbeitet anerkannt. Sie spürte Energie und Lust, ihre aktuelle Situation mit der Lösungssammlung anzugehen und ihre Erfahrungen damit zu machen.

In diesem Fallbeispiel wurde das Whiteboard mit Chat bei der Anliegenklärung, sowie der Ziel- und Maßnahmenplanung eingesetzt. Die emotional assoziative Ebene wurde mit dem Systembild (Aufstellung) und weiteren Visualisierungstools integriert. Hierbei konnten verschiedene Lösungsvarianten symbolisch ausprobiert und erlebt werden.

6 Konfliktcoaching online

Konflikte sind ein häufiger Anlass für Coaching, sowohl bei intraper-
sonellen als auch interpersonellen Konflikten. Ob es sich um einen
persönlichen Entscheidungs-, Werte- oder Zielkonflikt handelt oder
um zwischenmenschliche Beziehungs-, Verteilungs- und Machtkon-
flikte, sie gehören zum Lebens- und Berufsalltag und insbesondere
zum Alltag in Organisationen. Somit ist sowohl im Einzelcoaching
als auch im Mehrpersonen-Coaching Konfliktmanagement ein wich-
tiges Thema.

Je weiter eine Konflikteskalation ansteigt, umso dringender wird
die Hinzunahme eines professionellen Begleiters, eines Mediators
oder Coachs (Glasl, 2007). Friedrich Glasl beschreibt neun Stufen
der Konflikteskalation, die er drei Stadien zuordnet:

- Win Win
  - Verhärtung
  - Polarisaton und Debatte
  - Taten statt Worte
- Win-lose
  - Sorge um Image und Koalition
  - Gesichtsverlust
  - Drohstrategien
- Lose-Lose
  - Begrenzte Vernichtungsschläge
  - Zersplitterung
  - Gemeinsam in den Abgrund

Strategien des Konfliktcoachings werden außer bei Glasl auch bei Schreyögg (2011) und bei Thomann (1998) beschrieben. Das Zauberwort heißt häufig Aufbau gelingender Kommunikation.

Eilles-Matthiessen (2017) setzt sich diesbezüglich mit dem Thema der Selbstregulation auseinander. Sie beschreibt vier Lösungsfelder.

1. Selbstregulation

   Das Erkunden der subjektiven Belastung und der vorherrschenden Emotionen, der eigenen Motive und Bedürfnisse, der körperlichen Reaktionen und der Konsequenzen des Konfliktgeschehens für das eigene Selbstbild lenkt den Fokus der Aufmerksamkeit weg vom Konfliktpartner hin zur eigenen Person und eröffnetMöglichkeiten positiven Erlebens und der Zielorientierung.

2. Beziehungsregulation

   Ambivalenzen zwischen Wertschätzung und Abwertung, Nähe und Distanz wird mit Musterunterbrechung und Perspektivwechsel begegnet.

3. Sachklärung

   Lösungen auf der Sachebene werden möglich, wenn Klient:innen in ressourcenvolle Zustände kommen, die Aufmerksamkeit auf Lösungen richten und ein gemeinsames Interesse der Konfliktparteien gefunden werden kann, am besten in einer respektvollen Beziehungsgestaltung.

4. Lernen- und Prävention

   Konflikterfahrung führt im Idealfall zum Erkennen wiederkehrender Konfliktmuster, zur Identifikation von konfliktbegünstigenden Faktoren, zur Erweiterung der Konfliktlösekompetenzen, zur Stärkung der Selbstbeziehung und in Organisationen zur Einführung von Konfliktmanagement.

Beim Konfliktcoaching von mehreren Personen ist eine sorgfältige Auftragsklärung und Konfliktanalyse besonders wichtig. Interessen mögen in unterschiedliche Richtungen gehen und das Konfliktcoaching kann als Gelegenheit missverstanden werden, die eigene Position zu verteidigen. Die Rolle des Konfliktcoachs sollte daher transparent gestaltet werden. Mit den einzelnen Parteien wird in der Regel vor den gemeinsamen Sitzungen getrennt gesprochen. In den gemeinsamen Sitzungen geht es dann darum, deeskalierend zu wirken, die Konfliktmuster zu unterbrechen und unter Wahrung von definierten Spielregeln der Kommunikation diejenigen Interessen und Ziele herauszuarbeiten, die für alle gelten.

Beim Konfliktcoaching einer einzelnen Person steht der Umgang mit Konfliktsituationen im Vordergrund. Hierbei geht es darum, die KlientIn dabei zu unterstützen, die Konfliktsituation für sich selbst adäquat zu bewältigen, so dass die oben beschriebenen Lösungsfelder der Selbstregulation bearbeitet werden und gleichzeitig Verhaltensoptionen in der Konfliktsituation selbst gefunden werden können.

6.1 Vorgehen im Online-Coaching

Im Konfliktgeschehen sind negative Emotionen vorherrschend. Bei gleichzeitiger Anwesenheit im Präsenz-Setting sind Kränkungen, Vorwurfshaltung und Ablehnung an Mimik und Körperhaltung, am Verhalten und an non- und paraverbalen Signalen deutlich wahrnehmbar. All dies verstärkt das Konfliktmuster. Im Online-Geschehen kann das Muster gezielter unterbrochen werden, da sich die Parteien nicht im gleichen Raum befinden und mit Zeitverzögerung gearbeitet werden kann (Berninger-Schäfer, 2017a; Zezula u. Beer, 2012). Bei einem Mehrpersonenkonflikt werden einzelne virtuelle Räume für den Kontakt zwischen Coach und je einer Person eröffnet, sowie ein gemeinsamer Raum für alle Beteiligten plus Coach. Durch die Möglichkeit der zeitverzögerten Kommunikation hat ein Coach die Gelegenheit, zu entscheiden, ob und wann die Treffen im gemeinsamen Raum synchron oder asynchron geschehen sollen. Es gibt somit viele Möglichkeiten, Formulierungen der Parteien zu bearbeiten, bevor sie an die jeweils andere Seite gesendet werden. Das hohe Kränkungspotential in Konfliktmustern, das sich durch schnelle gegenseitige Vorwürfe,

Schuldzuweisungen und Destruktivität auszeichnet, kann leichter durchbrochen und konstruktiver gestaltet werden.

Im Folgenden wird ein Fallbeispiel eines Konfliktcoachings mit einer Einzelperson dargestellt. Hierbei wurden folgende Online-Tools eingesetzt:

1. Whiteboard und Chat,
2. Visualisierungssymbole,
3. Systembild (Aufstellung),
4. Bildmaterialien,
5. Konfliktlösedreieck.

Whiteboard und Chat, Visualisierungssymbole, das Systembild und Bildmaterialien wurden bereits in den vorhergehenden Kapiteln dargestellt. Daher wird hier nur noch kurz auf das Online-Tool »Konfliktlöse-Dreieck« eingegangen, da es im folgenden Fallbeispiel ebenfalls zur Anwendung kam (Abb. 45).

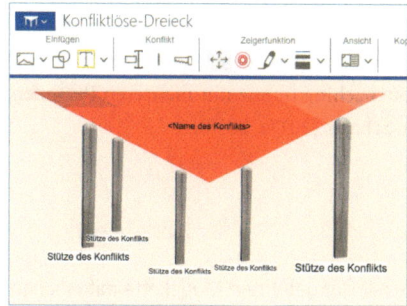

Abbildung 45: Konfliktlösedreieck mit Säulen (© CAI® World)

Ein Dreieck steht auf dem Kopf und symbolisiert dadurch, dass ein Konflikt nur existieren kann, wenn er aufrechterhalten wird. Hierfür sind Stützen des Konfliktes nötig, die in diesem Online-Tool, nachdem der Konflikt einen sprechenden Namen erhalten hat, gesammelt werden. Diese Stützen können mit der Maus groß oder klein gezogen und geclustert werden. Es kann auch ein Hintergrundbild gewählt werden, was aber nicht zwingend nötig ist.

Nachdem die Stützen des Konflikts im Rahmen eines Brainstormings identifiziert worden sind, wird das Symbol der »Säge« angeklickt. In dem dann entstehenden Textfeld können Maßnahmen zum »Absägen« der jeweiligen Stützte eingetragen werden. Immer wenn eine Säge erscheint, wackelt das Dreieck und zeigt an, dass es bald nicht mehr aufrechterhalten werden kann (Abb. 46).

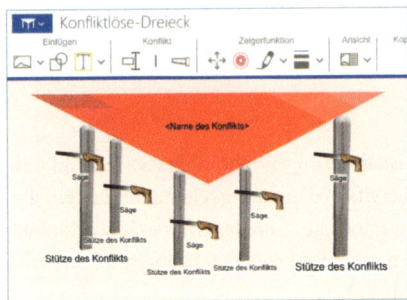

Abbildung 46: Konflikt-lösedreieck mit Sägen (© CAI® World)

Die Anwendung dieses Tools wird im folgenden Fallbeispiel eines Konfliktcoachings mit einer Einzelperson gezeigt werden. Weitere Informationen zu Konfliktcoaching online mit mehreren Personen finden sich bei Berninger-Schäfer (2017a; 2018).

6.2 Fallbeispiel: Konfliktcoaching mit einer Einzelperson

Die Klientin ist Inhaberin einer gut geführten Modekette mit eigenen Boutiquen. Sie hatte bereits vor über 10 Jahren die Idee, ins Online-Geschäft einzusteigen und suchte hierfür eine geeignete Vertriebsplattform. Sie unternahm verschiedene Versuche mit vorhandenen Anbietern, diese konnten allerdings ihre Vorstellungen nicht umsetzen. Sie entwarf dann ein eigenes Unternehmenskonzept und suchte Partner:innen mit denen sie ihre Pläne verwirklichen konnte. Nach einigen Versuchen kam es schließlich zur Firmengründung mit einer Geschäftspartnerin (GP). Die ersten Jahre der Zusammenarbeit gestalteten sich sehr konstruktiv. Beide versicherten sich gegenseitig, wie wichtig es sei, an einem Strang zu ziehen. Sie tauschten ihre Ideen aus und einigten sich auf gemeinsame Ziele, auch auf die Ausrichtung des Unternehmens als Online-Dienst, den auch andere Boutique-Inhaber:innen nutzen konnten, um ihre Waren online zu verkaufen. Alle Boutiquen, welche die Vertriebsplattform für ihren Online-Verkauf nutzten, zahlten eine Lizenz hierfür.

Die Firma entwickelte sich insofern gut, als IT-Mitarbeiter eingestellt und finanziert werden konnten. Lizenzen und Projektaufträge sicherten den Fortbestand, allerdings nicht in dem gewünschten finanziellen Umfang für die beiden Firmeninhaberinnen. Es kam zunehmend zu finanziellen Forderungen von der GP an die Klientin. So wollte sie z. B. auch an den Einnahmen der Modeboutique beteiligt werden, wenn deren Waren online verkauft wurden.

Der Gesellschaftervertrag wurde von GP in dieser Phase zunehmend anders ausgelegt, als es dem nach Auffassung der Klientin einvernehmlich definierten Unternehmenszweck entsprach. Daraus leitete GP ein Recht auf ihre Forderungen ab. Die Klientin unterbreitete GP ein Angebot, welches ihr u. a. im Wege eines Geschäftsführungsvertrags ein regelmäßiges Einkommen ermöglichen sollte und war selbst bereit, aus der operativen Geschäftsführung auszusteigen und auf ein Einkommen als Geschäftsführerin zu verzichten.

Die GP eskalierte die Situation weiterhin mit zusätzlichen finanziellen Forderungen und begann, gegenüber der Klientin Bedrohungsszenarien aufzubauen, wobei sie mit rechtlichen Mitteln argumentierte. Daraufhin beauftragte die Klientin einen Anwalt, der sie bei der Ausarbeitung einer neuen vertraglichen Basis der Zusammenarbeit begleiten sollte. Die GP ließ sich ebenfalls anwaltlich vertreten. Der Konflikt war damit in Bezug auf die 9 Stufen der Konflikteskalation von Friedrich Glasl mindestens in die Stufe 3 »Taten statt Worte« der Ebene »Win-Win« oder gar in die Stufe 6 »Drohstrategien« der Ebene 2 »Lose-Win« gerutscht.

Für die Klientin stellte diese Entwicklung ein persönliches Versagen dar, da sie den Anspruch hatte, mit Menschen konstruktiv und harmonisch umgehen und Probleme lösen zu können. Die zunehmend konflikthafte Entwicklung setzte sie sehr unter Stress und sie brauchte Monate, um den Vorgang emotional so bewältigen zu können, dass sie wieder schlafen konnte und nicht stundenlang nachts versuchte zu verstehen, was gerade in der Beziehung zu GP passierte und aus welchem Grund.

Im Kontaktgespräch mit dem Coach erzählte sie, dass sie sich emotional wieder reguliert hätte, wenn jedoch Eskalations-Mails von GP einträfen, geriete sie sofort unter Stress und müsse immer wieder aufs Neue an ihrem emotionalen Selbstmanagement arbeiten. Für das Coaching formulierte sie drei Fragestellungen/Anliegen. Die erste bezog sich auf den Umgang mit der Konfliktpartnerin, die zweite auf das persönliches Stress- und Emotionsmanagement der Klientin bzw. die Umsetzung der gemachten Lernerfahrung im Sinne von besserer Abgrenzung. Das dritte Anliegen bezog sich auf das Erreichen ihres strategischen Zieles, aus der Geschäftsführung der Online-Vertriebsplattform baldmöglichst auszusteigen, die Firma zu verkaufen und eine endgültige Trennung von der bisherigen Geschäftspartnerin zu erreichen (Abb. 47).

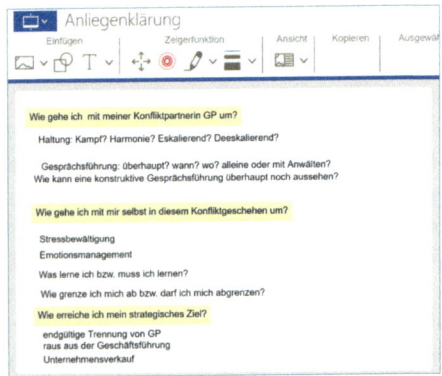

Abbildung 47:
Anliegen beim
Konfliktcoaching
(© CAI® World)

Zum Einstieg wollte sie sich gern mit dem Thema »Wie grenze ich mich ab bzw. darf ich mich abgrenzen« beschäftigen. Sie wollte erreichen, dass, wann immer Eskalations-Mails von GP kämen, diese sie nicht mehr so sehr beschäftigen, Energie abziehen und von anderen Dingen ablenken könnten. Diese Mails waren meistens mit finanziellen Forderungen und Fristsetzungen verbunden. In Absprache mit dem Anwalt musste darauf geantwortet werden. Wenn die Klientin eine solche Antwort abschickte, welche aus ihrer Sicht sachlich und rechtlich korrekt war, fühlte sie sich dennoch schlecht. Sie stellte sich dann vor, welche Wutgefühle dies bei GP auslöste, was wiederum der Klientin Stress und ein mulmiges Gefühl bereitete. Sie stellte die Situation mit folgendem Systembild auf (Abb. 48):

Abbildung 48: Systembild (Aufstellung) beim Konfliktcoaching (© CAI® World)

Für sich selbst wählte die Klientin eine Frau im Business Look und positionierte sie auf der linken Seite des Bildes. Sie war dort von hilfreichen Personen umgeben. Hierzu gehörten professionelle Unterstützer:innen in Form von Kolleg:innen (repräsentiert durch den Mann im Anzug) und dem Anwalt (repräsentiert durch den König mit Robe). Im privaten Umfeld könne sich die Klientin aussprechen und würde Stärkung erfahren. Unterstützung bekäme sie auch durch ihre Mitarbeiter:innen der Modekette, die auf ihrer Seite stünden und für sie kämpfen würden.

Für die GP wurde ein Mädchen mit Seil gewählt, welches spielt und fröhlich aussieht. Die Klientin vermutete eine Person im Umfeld der GP, die sie zu dem eskalierenden Verhalten ermutigen würde. Die GP erwähnte mehrfach, dass sie sich mit dieser Person besprechen würde und auch Ratschläge erhalte. Der Anwalt der GP war nur kurz in Erscheinung getreten, dann kam es zu einem Wechsel und der neue Anwalt der GP war noch nicht aktiv gewesen, daher die Figur des Geistes.

Das als Hintergrund gewählte Bild zeigte einen breiten, mit dem Meer verbundenen Graben. Die Klientin sagte, das Meer stehe für ihr Ziel des Unternehmensverkaufs und für ihre Freiheit, die sie sich dadurch verspräche. Sie liebe das Meer, den Strand und die sanften, flachen Wellen, die sie mit Ruhe und Entspannung assoziierte.

Bei der Bildbeschreibung fiel auf, dass sich die Klientin in einem dichten Unterstützungsnetzwerk machtvoller Personen befand. Hier schien sich viel Power zu versammeln, auch sie selbst war durch eine große Figur repräsentiert, die allerdings sehr ernst aussah.Die GP hingegen war als Kind dargestellt, welches lächelt und spielt. Es war nur wenig Entourage vorhanden. Die Klientin bestätigte, dass sie einerseits vermute, dass GP taktische Spielchen mit ihr mache, aber andererseits auch, dass die GP noch eine andere, verletzlichere Seite hätte, die sie als kleines Kind imaginiere.

In der Phase, in welcher die Klientin intensiv an ihrem Emotionsmanagement noch vor Beginn des Coachings gearbeitet hatte, hatte sie die Situation auch imaginativ bearbeitet. Sie wurde aufgefordert, diese Imaginationen in einem Bild darzustellen. Dies nahm die Klientin asynchron und autark vor.

Abbildung 49: Darstellung von Imaginationen (© CAI® World)

In der zweiten Coachingsitzung beschrieb die Klientin das von ihr gestaltete Bild. Auf der linken Seite wurde die GP in vier Varianten dargestellt. Diese Sichtweise spiegelte die Veränderung der Haltung der Klientin gegenüber GP (Abb. 49). Sie hätte zunächst einmal eine Vorstellung davon bekommen müssen, was in ihrer Beziehung zu GP passierte. Am Anfang der Zusammenarbeit sei alles harmonisch gewesen und nach dem Empfinden der Klientin eine echte Freundschaft entstanden. Somit hätte sie nach den zunehmenden aggressiven Forderungen der GP den Eindruck gewonnen, dass sie es mit verschiedenen Seiten derselben zu tun hätte. Diese hatte sie imaginiert als das spielende Kind (mit Bezug auf das taktische Spiel der GP), als das Kind, das schreit und tobt (»Ich will was haben«) und als ein beobachtendes, abwartendes Kind, das sich in eine Schlange verwandelt, wenn es glaubt, eine Angriffsfläche gefunden zu haben.

Die Klientin selbst hatte sich als Königin dargestellt mit einem Hofstaat, der sie verteidigt und abschirmt. Inzwischen sei eine dicke Mauer zur GP gezogen, früher hätte sie noch Schlupflöcher als Schlange gefunden und versucht, sich der Klientin zu nähern, dies sei jedoch nicht mehr möglich, daher die Versinnbildlichung durch das das Geschrei.

Die Bildbeschreibung und das Feedback des Coachs machten die Klientin insofern betroffen, als sie die Figur der Königin sehr machtvoll dargestellt und sogar mit einem Hofstaat umgeben hatte. GP dagegen blieb in verschiedenen Kind-Formen. Die Klientin hinterfragte sich, ob es denn ok wäre, so abweisend zu sein (die Königin schaut in eine andere Richtung) und den Kind-Figuren gar keine Chance mehr zu geben. Sie sei allerdings immer wieder von den Personen ihrer Umgebung dazu aufgefordert worden, keine Handreichung mehr zu machen, da alles sofort gegen sie verwendet werden würde. Sie hinterfrage auch, wie es denn käme, dass sie eine so dicke Mauer und den Hofstaat überhaupt brauche. Die Rückmeldung, dass eine Königin nun mal einen Hofstaat hätte, brachte sie zum Schmunzeln und sie meinte: »Dann wäre es ja wohl auch unklug, ihn nicht einzusetzen«.

Die Klientin meinte, ihr Streben nach Harmonie stünde ihr manchmal im Wege. Sie erzählte, dass sie bereits als kleines Mädchen immer schon dafür sorgen musste, dass es allen gut ginge. Sie höre auch heute noch den Satz ihrer Mutter im Ohr: »Du musst trachten, dass alles klappt.« Damit sei gemeint gewesen, dass sie sich um ihre kleine Schwester kümmern musste, aber auch um alle Kinder, welche zum Spielen da waren. Ihre Eltern seien sehr großzügig gewesen und hätten es erlaubt, dass sich ganze Kinderscharen in ihrem Hof zum Spielen trafen. Die Klientin hätte frühzeitig die Fähigkeit entwickelt, zu spüren, wer was brauche, und die Spiele so zu organisieren, dass möglichst alle zufrieden waren. Dies sei schön, aber auch anstrengend gewesen, so dass sie sich gern auch mal mit einem Buch oder Malsachen zurückgezogen hätte und froh gewesen wäre, nur für sich allein sein zu können und sich dabei zu entspannen. Diese Sehnsucht sei auch jetzt vorhanden, daher wolle sie für mehr Freiheit für sich selbst durch den Unternehmensverkauf sorgen.

Die nächste Coachingsitzung wurde mit der Information eingeleitet, dass ein Brief vom neuen Anwalt von GP eingetroffen sei mit für sie dermaßen unlauteren Forderungen, dass ihr jetzt endgültig klar sei, dass der Weg der Abgrenzung der einzig mögliche sei. Diesmal sei sie nicht in der »Gefahr«, Zugeständnisse »um des lieben Friedens willens« zu machen und Harmonie anzustreben. Die Exploration ihrer Verfasstheit ergab ein klares Gefühl von Wut. Die Klientin wurde aufgefordert, dieses Gefühl darzustellen. Hierfür wurde das Online-Tool Bildergalerie genutzt (Abb. 50).

Abbildung 50: Bild-Assoziation im Konfliktfall-IST-Situation (© CAI® World)

Die Klientin wählte ein Bild, welches von der Farbgebung noch am ehesten ihrer »Wut-Säule« entsprach. Aus den Visualisierungstools wählte sie noch zusätzlich einen Blitz aus, vergrößerte ihn und brachte ihn an einem kahlen Baum an. Sie sagte, der sei ohnehin schon morsch, der Blitz zerstöre ihn endgültig. Damit sei die Beziehung zur GP gemeint, nicht die GP als Person. Diese wolle sie natürlich nicht zerstören, aber aus ihrem Umfeld verbannen. Es sei unrealistisch, dass sie sie vergessen würde, aber sie reduziere sie in ihrer Imagination auf einen kleinen schwarzen Punkt. Sie sehe, wie das Kind, welches die GP repräsentiere, nach links aus dem Bild gehe, und sich auf die Suche nach einer nächsten »Spielwiese« begebe.

Um sie herum sei jetzt Luft, nicht, dass sie niemanden mehr nahe an sich ranlassen wolle, aber sie hätte die Fähigkeit entwickelt, zwischen Freund und Feind besser unterscheiden zu können, nicht mehr für alle da sein zu müssen und zu wollen. Sie strahle in ein weites Feld, da seien sehr viele Menschen, aber es gäbe auch einen freien Raum um sie herum, einen Freiraum (Abb. 51).

Abbildung 51: Bild-Assoziation im Konfliktfall-Ziel-Situation (© CAI® World)

Als die Coach die Klientin fragte, ob sie dieses Bild als Wunsch- oder Zielbild definieren sollte, reagierte die Klientin spontan und sehr klar. Sie wollte als Bildüberschrift »So ist es!«, denn sie fühle sich bereits so, es sei wie wenn sie sich bereits befreit hätte. Sie könne zwar noch imaginativ zu den vorherigen Bildern »switchen«, aber die emotionale Ladung sei jetzt mit diesem Bild verbunden. Das Bild der IST-Situation spiele noch die größte Rolle, da im Außen die Situation noch geklärt und zu einem Ende gebracht werden müsse. Innerlich sei sie momentan aber woanders und das sei wunderbar. Entscheidend hierfür sei der Schritt gewesen, bei welchem sie ihre Wut visualisieren und zulassen konnte. Danach konnte sie sehr leicht das Befreiungsbild sehen.

Für Ihre dritte Fragestellung, wie sie ihr strategisches Ziel (raus aus der Geschäftsführung, und Firmenverkauf) erreichen könne, wurde das Tool des Konfliktlösedreiecks eingesetzt. Aus folgenden Hintergrundbildern konnte sich die Klientin etwas Passendes aussuchen (Abb. 52):

Abbildung 52: Hintergrundbilder beim Konfliktlösedreieck (© CAI® World)

Sie entschied sich für den spitzen Berg, da es ihr ein großes Bedürfnis sei, dass dieser Konflikt bald kippe und wählte als Namen den »Energieraub«.

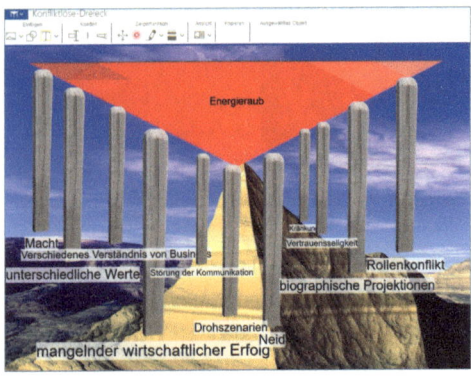

Abbildung 53: Konfliktfall mit Stützen des Konfliktes (© CAI® World)

Als größte Stütze des Konfliktes betrachtete die Klientin den mangelnden wirtschaftlichen Erfolg. Wenn die Vertriebsplattform genügend Umsatz erzielt hätte, dann wäre eine ausreichende Entlohnung beider Geschäftsführerinnen und eine Gewinnausschüttung der Gesellschafterinnen möglich gewesen. Da dieses nicht der Fall gewesen sei, versuche die GP Geld zu generieren, indem Sie finanzielle Forderungen an die Einkünfte der Modekette stelle (Abb. 53). Neid mag hierbei auch eine Rolle spielen, da die Klientin mit ihrer Modekette finanziell abgesichert sei. Sie habe darüber hinaus durch ihre verschiedenen Funktionen eine größere Sichtbarkeit nach außen, während GP eher operativ nach innen wirke. Dies mag auch Kränkungspotential beinhalten, welches möglicherweise noch dadurch verstärkt worden sei, dass die Klientin lange Zeit eine Mitverantwortung für GP übernommen hätte. Sie habe ihr Möglichkeiten eröffnet, unabhängig von der Funktion in der gemeinsamen Firma bei anderen Projekten Einkünfte zu erzielen. Hierbei mögen auch biographische Projektionen eine Rolle spielen. Die zunehmenden Drohungen von GP stürzten die Klientin in eine tiefe emotionale Krise, sie fühlte sich verraten in ihrem Vertrauensvorschuss und setzte sich mit ihrer eigenen geschäftlichen Naivität auseinander. Sie erkenne jetzt, dass es keine Freundschaft war, die beide zusammengehalten hatte, sondern die Aussicht auf geschäftlichen Erfolg. Hier hätten beide stark unterschiedliche Werte, auch was die Gestaltung des gemeinsamen Geschäftsfeldes und die Bedeutung von Machtausübung beträfe. Aktuell seien die Fronten so verhärtet, dass keine konstruktive Kommunikation mehr möglich sei. Es würde nur das Allernötigste schriftlich geklärt werden, nur noch vor den Mitarbeiter:innen finde dem Schein nach sachliche Kommunikation statt. Die Klientin bekräftige nochmals, dass der Titel »Energieraub« für sie sehr stimmig sei, denn sie leide massiv unter der emotionalen Belastung dieser Situation, ihre Aufmerksamkeit sei immer wieder auf diesem Konflikt, selbst kleinste alltägliche Situationen (z. B. eine E-Mail der GP) triggerten ihre negativen Gefühle (Wut, Angst und Trauer) und schließlich sei Geld auch Energie. Das Brainstorming der möglichen »Sägen« für die Stützen des Konfliktes ergab folgendes Bild (Abb. 54):

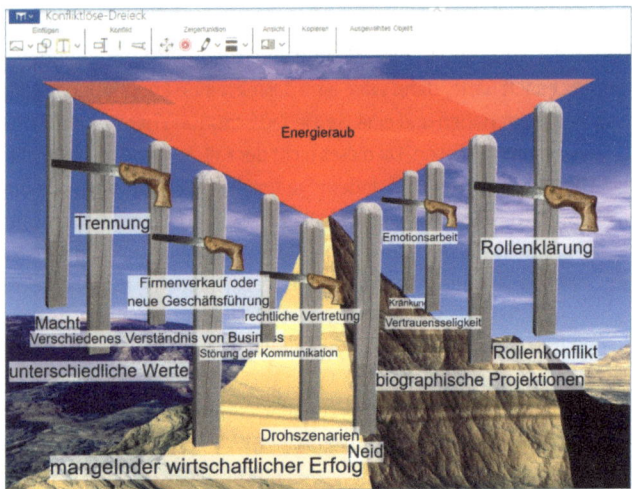

Abbildung 54: Konfliktfall mit Stützen und Sägen

Zu diesen Sägen gehörten die Rollenklärung für den Rollenkonflikt, der auch die eventuellen biographischen Projektionen beinhalte. fEmotionsarbeit würde die Klientin dauernd leisten, hier sei schon viel passiert und das Coaching helfe ihr sehr dabei. Hinter dem Machtverhalten und dem unterschiedlichen Verständnis von Business steckten verschiede Werte und hier sähe sie nur eine Trennung nach oder vor Verkauf als Lösung des Energieraubes an. Bezüglich des wirtschaftlichen Erfolges könne sie sich mit der momentanen Partnerin keine positive Entwicklung mehr vorstellen. In der Geschäftsführung bräuchte sie hier eher Partner:innen, welche ihre Vorstellung zur Weiterentwicklung des Vertriebes und darüber, welche Projekte zum Geschäftszweck passten, teilten. Aufgrund ihrer persönlichen Situation wolle sie aber nicht weiter aufbauen, sondern plane eher, ihr persönliches Arbeitspensum zu reduzieren, so dass ein Firmenverkauf für sie die momentan anzustrebende Lösung sei. Insofern sei es gut, dass die rechtliche Vertretung bereits aktiv sei, denn die Drohszenarien müssten beseitigt sein, es müsse rechtlich geklärt werden, ob und wenn ja, welche Verpflichtungen die Firma hätte, bevor ein Verkaufsprozess sinnhaft gestartet werden könne.

Das Konfliktlösedreieck brachte viel Klarheit für die Klientin. Sie fühlte sich bestärkt in ihren Zielen und den bereits eingeschlagenen Wegen. Die wichtigste Maßnahme für sie sei die Beschleunigung der rechtlichen Klärungen und der baldmöglichste Beginn des Verkaufsprozesses. Der nächste konkrete Schritt hierzu seien Termine mit ihren rechtlichen und steuerrechtlichen Beratern und die Beschleunigung der Verhandlungen zum Zwecke der Einigung mit GP über die Bedingungen des Verkaufes.

Wie aus der Darlegung des Konfliktcoachings ersichtlich, diente das Online-Tool des Konfliktlösedreiecks der Klärung, Sammlung und Strukturierung. Die Bildergalerie ermöglichte eine tiefgehende emotionale Arbeit und das Systembild verdeutlichte Zusammenhänge und Interaktionen. Das Whiteboard ermöglichte eine thematische Systematisierung.

Es ist wichtig, im Konfliktcoaching alle diese Ebenen anzusprechen, da insbesondere im Konfliktgeschehen die emotionale Ladung eine besonders hohe ist und sowohl das Eintauchen in die Thematik mit all ihren Konsequenzen als auch die Distanzierung wesentliche Elemente eines Entwicklungsfortschritts darstellen. Sie können mit Online-Tools symbolisch verdichtend, emotional entlastend und reflexiv klärend gestaltet werden.

7 Kreative Einsatzmöglichkeiten von Online-Tools

Online-Tools können in der Form, wie sie dargeboten werde, zum Einsatz kommen. Die Tools können aber auch abgeändert und angepasst werden. Hier ist die Kreativität, die Erfahrung und ein breites Spektrum an methodischem Know-How der Coachs gefragt. Sie müssen natürlich auch mit den Online-Tools vertraut sein, um überhaupt auf Ideen zu ihrer Abwandlung zu kommen. Im Folgenden wird beispielhaft mit der Kreisform »gespielt« sowie mit dem Tool »Ressourcenbaum«.

7.1 Die Kreisform als Online-Tool

Die Kreisform wird im Coaching bei unterschiedlichen Prozessphasen methodisch eingesetzt. Die Kreisform findet sich beispielsweise im Ressourcenrad, im Rad der Ausgewogenheit, in der Lebensuhr oder im Perspektivenrad. Das Perspektivenrad wiederum kann durch das Ersetzen der Kreise durch Dreiecke ganz leicht in die Arbeit mit Denkhüten umgewandelt werden.

7.1.1 Das Ressourcenrad

Das Ressourcenrad (Abb. 55) wird zur Bewusstmachung und Aktivierung von Ressourcen eingesetzt. Hierbei wird eine Sammlung von Ressourcen der Klient:innen erarbeitet. Im face-to-face Coaching kann dies auf einer großen runden Karte geschehen oder auf Papier

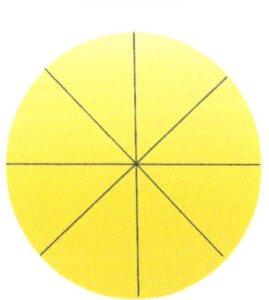

Ressourcenrad

Abbildung 55: Ressourcenrad (© CAI® World)

bzw. Flip Chart. Im Online-Tool ist ein Kreis mit Segmenten vorhanden. In diese Segmente kann jeweils eine wahrgenommene Ressource eingetragen werden.

Die Ressourcen können sich beispielsweise auf Fähigkeiten, Stärken, Begabungen, Eigenschaften und Werte beziehen, aber auch auf andere Personen, erlebte Situationen, Erfolge oder Regionen. Das Feld der Möglichkeiten ist sehr weit und unterliegt einzig der subjektiven Einschätzung der Klient:innen, was sie als Ressource empfinden und was nicht. Der Coach hilft mit Fragen, bis alle vorbereiteten Felder ausgefüllt sind. Auch die Anzahl der Felder ist beliebig und kann variieren. Durch diese Vorgehensweise wird die Aufmerksamkeit der Klientinnen auf ressourcenvolle Zustände gelenkt und es wird ein Anker geschaffen, der es ihnen ermöglicht, sich schnell mit diesen Zuständen zu verbinden. Dies kann im Alltag als Selbstcoaching genutzt werden oder im Coaching, z. B. zur Musterzustandsänderung. Ein Ressourcenrad kann auch zum Lösungsbrainstorming nach erfolgter Zielfindung herangezogen werden. Die einzelnen Ressourcen werden dann wie eine Perspektive behandelt. Es wird z. B. danach gefragt, was die jeweilige Ressource raten würde, was die Klientin tun solle, um ihr Ziel zu erreichen.

Abbildung 56 zeigt ein Beispiel eines Ressourcenrades, welches mit einem Klienten zu folgendem Ziel erarbeitet wurde: »Ich entwickle das Projektteam, für das ich verantwortlich bin, zu einer effektiven Einheit mit einem positiven Teamklima.« Sein ausgefülltes Ressourcenrad sah folgendermaßen aus:

Ressourcenrad

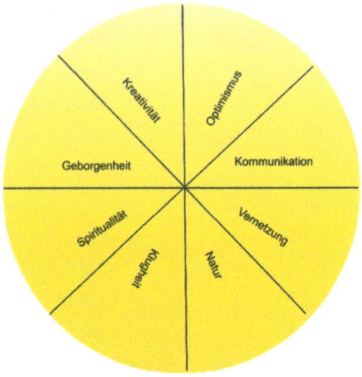

Abbildung 56: Ressourcenrad ausgefüllt (© CAI® World)

Auf die Frage des Coachs, welche Ressourcen für das Lösungsbrainstorming genutzt werden sollten, wählte der Klient die »Klugheit« und den »Optimismus«.

Die Fragen des Coachs lauteten daraufhin (Abb. 57): »Was rät Ihnen Ihre Klugheit, was sollen Sie tun, um Ihr Ziel zu erreichen?« und »Was rät Ihnen Ihr Optimismus, was sollen Sie tun, um Ihr Ziel zu erreichen?«

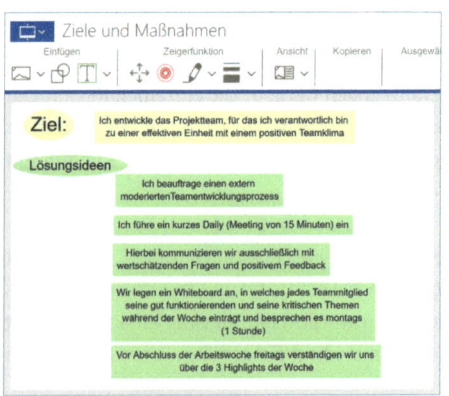

Abbildung 57: Ziele und Lösungsideen entwickelt mit dem Ressourcenrad (© CAI® World)

Ein einmal erarbeitetes Ressourcenrad kann immer wieder auch in unterschiedlichen Coachingsitzungen genutzt werden. Da die virtuelle CAI-Sitzung offen bleibt, steht es weiterhin zur Verfügung.

Im Sinne eines kreativen Umgangs mit Online-Tools, kann das Ressourcenrad in ein Rad der Ausgewogenheit abgeändert werden bzw. als solches genutzt werden.

7.1.2 Das Rad der Ausgewogenheit

Im Coaching wird häufig der persönliche Lebens- und Arbeitsstil thematisiert. Dies spielt insbesondere bei hohem Leidensdruck bzw. einem hohen Stresslevel eine Rolle oder wenn grundsätzliche Entscheidungen zu Lebensveränderungen anstehen.

Beim Rad der Ausgewogenheit wird ebenfalls ein Kreis genutzt, der in verschiedene Segmente eingeteilt ist, wie die Speichen eines Rades. Die Speichen können mit einer Skala von 0–10 oder von 0 %-100% versehen werden (Abb. 58).

In die einzelnen Segmente werden Themen eingetragen, die für die KlientIn in ihrer derzeitigen Lebens- und Arbeitsgestaltung von Bedeutung sind oder nach ihren eigenen Wünschen von Bedeutung sein sollten. Danach wird auf der eingefügten Skala jeweils eingeschätzt, in welchem Ausmaß das jeweilige Thema gerade im beruflichen und privaten Alltag der KlientIn zum Zuge kommt. Diese Zahl wird markiert. Wenn die Zahlen verbunden werden, sieht man sehr deutlich, ob das Rad eine Un-

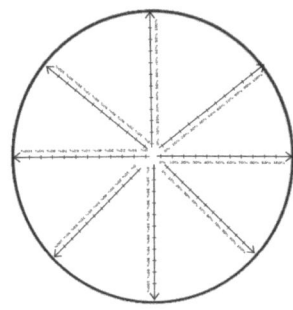

Rad der Ausgewogenheit

Abbildung 58: Rad der Ausgewogenheit (© CAI® World)

wucht hat und an welchen Stellen diese am größten ist. Daraufhin kann mit der Klientin gemeinsam reflektiert werden, welche Konsequenzen sie daraus ziehen möchte. Somit gewinnt die Klientin wertvolle Erkenntnise und es können sich auch neue Anliegen für das Coaching ergeben.

Rad der Ausgewogenheit

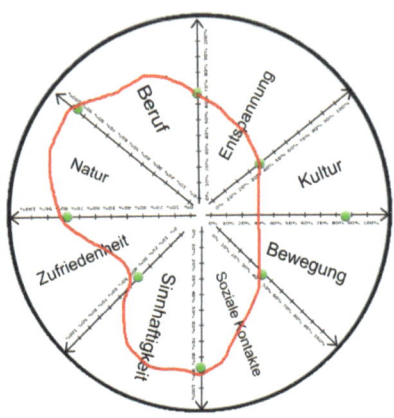

Abbildung 59: Rad der Ausgewogenheit ausgefüllt (© CAI® World)

Das Rad der Ausgewogenheit eignet sich besonders gut in den Phasen der Anliegenklärung und Situationsbeschreibung und kann auch für die Zielfindung genutzt werden (Abb. 59).

7.1.3 Die Lebensuhr

Die Team-Uhr ist ebenfalls ein auf die Kreisform bezogenes Tool, das zum klassischen Repertoire in der Teamentwicklung zählt. In der CAI Plattform ist diese z. B. so ausgestaltet, dass es in den vier Ecken des Bildes (Abb. 60) einen Mouse-Over-Effekt gibt. Wenn man mit der

Maus darüberfährt, wird die jeweilige Phase der Teamentwicklung beschrieben. Die Orientierungsphase rechts oben (12.00–3.00 Uhr), die Kampfphase rechts unten (3.00–6.00 Uhr), die Organisierungsphase links unten (6.00–9.00 Uhr) und die Integrationsphase links oben (9.00–12.00 Uhr). Jedes Teammitglied kann einen Zeiger in seiner Wahlfarbe anklicken, welcher sich auf der Uhr drehen lässt, so dass eine Uhrzeit eingestellt werden kann.

Abbildung 60:
Team-Uhr
(© CAI® World)

Das Tool der Team-Uhr kann darüber hinaus auch als »Lebensuhr« eingesetzt werden.

Die »Lebensuhr« nennt Cornelia von Velasco (2014) einen Kompass für Lebensreisende und ihre Begleiter:innen. Sie kann im Rahmen von Biografie-Arbeit eingesetzt werden und fördert die Achtsamkeit für den individuellen Lebensentwurf und den aktuellen Standort.

Das Beispiel einer 63-jährigen Klientin illustriert, wie sie ihre Lebensuhr ausgefüllt hat. Es wird eine fiktive Lebensspanne von 84 Jahren angenommen und die Lebensmitte mit 42 Jahren auf 12.00 Uhr gesetzt. Dann können einzelne wichtige Abschnitte in der bisherigen Biographie betrachtet werden. Mit dem Zeiger können die einzelnen Themen markiert und gezielt reflektiert werden. Spannend ist der Blick auf die noch verbleibende Lebenszeit, wenn es darum geht zu erkunden, was sich noch ereignen sollte, damit es sich um ein erfülltes und gelingendes Leben handelt. Im Coaching-Ablauf wäre hier die Ziel- und Lösungssuche verortet, sowie ggf. die Maßnahmenplanung (Abb. 61).

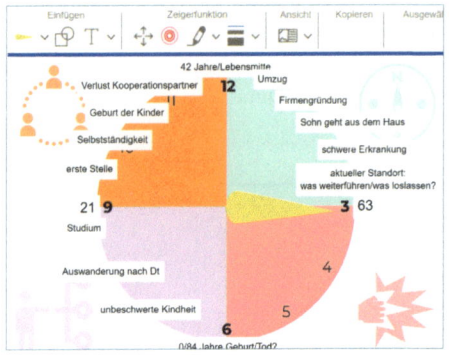

Abbildung 61:
Team-Uhr als
Lebensuhr
(© CAI® World)

7.1.4 Perspektivenrad

Eine weitere Abwandlung der Kreisform stellt das Perspektivenrad dar (Abb. 62). Dieses Tool eignet sich besonders gut bei Ambivalenzen gegenüber einem Thema, widersprüchlichen Argumentationen, sprunghaften Haltungen oder der Unfähigkeit in eine Handlung zu kommen. Entsprechend der Methode der »Sechs Denkhüte« von Edward de Bono kann ein Thema aus unterschiedlichen Perspektiven betrachtet werden (Eilles-Matthiessen, 2007). Das Thema (die Entscheidung, der Konflikt) wird auf eine Runde Karte geschrieben. Dann werden verschieden farbige Karten kreisförmig um das Thema gelegt. Sie repräsentieren sechs verschiedene Denkstile/Perspektiven.

1. Fakten (weiß): überprüfbare Informationen, wie Zahlen, Daten, Fakten und Hypothesen;
2. Emotionen (rot): Gefühle und Bewertungen;
3. Vorsicht (schwarz): mögliche Gefahren, Risiken, Probleme, Hindernisse;
4. Optimismus (gelb): Vorteile, Chancen, Möglichkeiten, Hoffnungen;

5. Kreativität (grün): neue Ideen, alternative Lösungen, andere Wahrnehmungen;
6. Meta-Ebene (blau): die Ebene des Coachs.

Im Präsenzcoaching kann man die beschrifteten Karten auf den Boden legen und der Klient schreitet sie ab. Er wird dabei angeleitet, sich ganz auf die jeweilige Karte zu konzentrieren und nur aus dieser einen Perspektive zu argumentieren. Im Online-Coaching wird ein Symbol für die eigene Person genutzt, in der Darstellung unten ist es ein Nussknacker oder ein Ausrufezeichen. Dieses Symbol wird auf die jeweilige Karte zubewegt und der Klient stellt sich vor, er sei der Nussknacker bzw. das Ausrufezeichen.

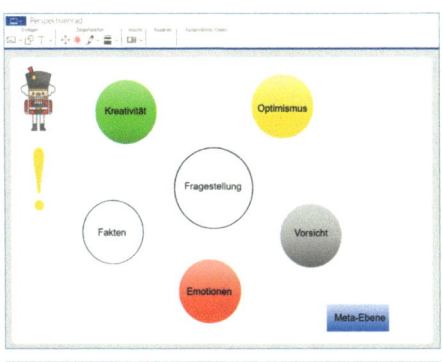

Abbildung 62:
Perspektivenrad
(© CAI® World)

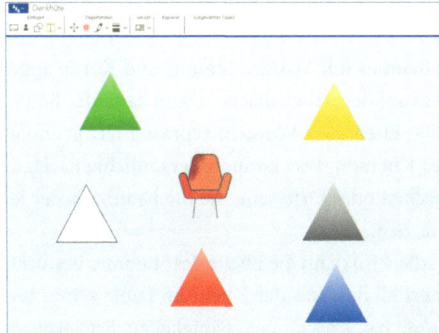

Abbildung 63:
Denkhüte
(© CAI® World)

Das Gleiche kann auch mit der Metapher des »Denkhutes« vorgenommen werden. Hierbei wird die Kreisform verlassen und es werden andere Elemente aus den Visualisierungstools des Whiteboards genutzt. Ein Stuhl wird in die Mitte des Bildes gesetzt und symbolisiert den Ort des Klienten (roter Stuhl). Die verschieden farbigen Hüte werden jeweils nacheinander auf den Stuhl gesetzt (mit der Maus angeklickt und gezogen), so dass klar ist, aus welcher Perspektive gerade gedacht und gesprochen wird (Abb. 63).

7.2 Der Ressourcenbaum als Online-Tool

So wie die Kreisform ganz unterschiedliche Einsatzmöglichkeiten sowohl im face-to-face als auch im Online-Coaching bietet, kann auch der Ressourcenbaum kreativ umgewandelt und eingesetzt werden. In der CAI World. kann das Online-Tool »Ressourcenbaum« in der Toolsammlung angeklickt werden. Zunächst wird das Bild eines Baumes als Hintergrundbild aus einer Übersicht von sieben Bäumen ausgewählt (Abb. 64).

Abbildung 64: Hintergrundbilder für den Ressourcenbaum (© CAI® World)

Wenn das Bild eines Baumes mit Wurzel, Stamm und Korne angeklickt wird, erscheint es auf der Arbeitsfläche. Dann kann der Baum »bestückt werden«. Die Ebene der Wurzeln repräsentiert grundlegende Ressourcen des Klienten. Das können Persönlichkeitseigenschaften, Werte, Menschen oder Orte sein, die die Kraftbasis der jeweiligen Person ausmachen.

In einer anderen Farbe wird dann die Ebene des Stammes bestückt. Der Stamm symbolisiert all das, was der Klient im Laufe seines bisherigen Lebens entwickelt hat. Dies können Fähigkeiten, Fertigkeiten oder Kompetenzen sein, auch wichtige Erfahrungen, die die Weiterentwicklung des Klienten vorangebracht haben. Die Ebene der Krone steht für erreichte oder noch zu erreichenden Ziele.

7.2.1 Der Ressourcenbaum zur Ressourcenaktivierung

Im Coachingablauf kann der Ressourcenbaum punktuell oder auch zur Steuerung einer ganzen Coachingeinheit genutzt werden. Wenn er punktuell eingesetzt wird, dann in der Phase der Ressourcenaktivierung. Während der Umgang mit den Ebenen der Wurzeln und des Stammes mit dem Einsatz zur Steuerung einer Coachingeinheit übereinstimmt, wird die Krone mit Ressourcen bestückt, die sich im Laufe der Biografie entfaltet haben. Ein Beispiel zeigt die folgende Abbildung 65.

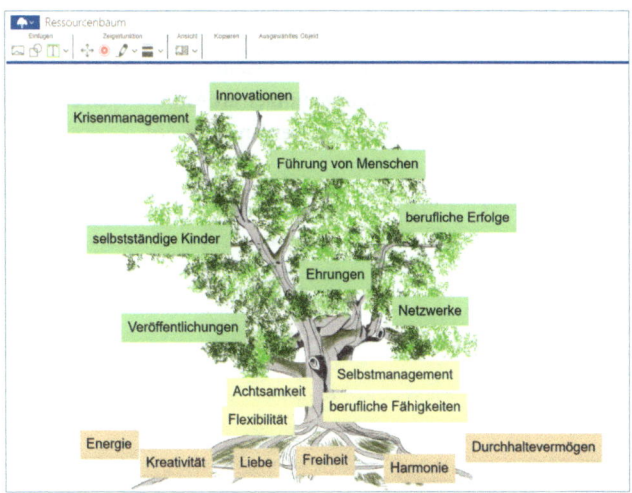

Abbildung 65: Ressourcensammlung mit dem Ressourcenbaum (© CAI® World)

In seiner ursprünglichen Anwendung jedoch wird der Ressourcenbaum genutzt, um eine ganze Coachingeinheit bzw. eine Coachingsitzung zu steuern. Hierbei wird insbesondere mit der Ebene der Krone anders umgegangen.

7.2.2 Der Ressourcenbaum zur Steuerung einer Coachingsitzung

Nachdem das Anliegen geklärt worden ist und es sich beispielsweise um das Treffen von Entscheidungen, den Blick auf den Lebensentwurf oder eine aktuelle Standortbestimmung handelt, kann der Ressourcenbaum zur Gestaltung der Phasen Ressourcenaktivierung, Musterzustandsänderung, Zielfindung, Lösungssuche und Maßnahmenplanung eingesetzt werden. Somit wird mit ihm eine komplette Coachingeinheit durchgeführt. Dies kann sowohl im Ein-Personen-Setting als auch im Gruppen- bzw. Team-Setting geschehen.

In der CAI World z. B. ist folgende Beschreibung dem Online-Tool »Ressourcenbaum« beigefügt und kann sowohl für den Coach zur Orientierung als auch für Klient:innen als Anweisungen bei asynchronen Vorgehensweisen genutzt werden (Abb. 66):

Wählen Sie einen Baum. Der erste Button in der Werkzeugleiste öffnet einen Dialog, aus dem Sie sich einen Baum aussuchen können.
Über den zweiten Button in der Werkzeugleiste können Sie Textfelder hinzufügen. Fügen Sie einzelnen Bereichen des Baums hiermit Stichwörter hinzu.
Bestücken Sie den Baum mit Stichworten zur Ebene der Wurzeln: Was mich verortet, Bindungen, Werte. Was „nährt" mich? Was brauche ich zum Wachsen?
Bestücken Sie den Baum mit Stichworten zur Ebene des Stammes: Fähigkeiten, Erfahrungen, Eigenschaften, Stärken
Bestücken Sie den Baum mit Stichworten zur Ebene der Krone: Raum der Möglichkeiten
Bestücken Sie den Baum mit Stichworten zur oberen Ebene der Krone: meine Lebensvision
Wenn ich als alter Mensch auf mein Leben zurückblicke, was soll erreicht sein, dass es mir sehr gut geht und ich ein sinnerfülltes Leben geführt habe?
Bestücken Sie den Baum mit Stichworten zu den Ästen: erreichte Ziele, angestrebte Ziele

Abbildung 66: Toolbeschreibung Ressourcenbaum (© CAI® World)

Nachdem die Wurzel und der Stamm wie im vorherigen Beispiel »bestückt« worden sind, wird ein Sprung in die Zukunft vorgenommen.
Das bedeutet, dass der Klient zur Vision eines gelingenden Lebens
angeleitet wird. Diese Karten werden ganz oben positioniert. Dann
werden die Bedingungen gesucht, welche zu dieser Vision führen. Sie
werden z. B. in einer grünen Farbe auf die Äste der Krone angebracht
und stellen die Ziele dar, die es zu erreichen gilt, wenn sich die gewünschte Lebensvision verwirklichen soll. Manche dieser Ziele sind
womöglich bereits erreicht, andere noch nicht. In der Phase des Lö-
sungsbrainstormings können Ideen generiert werden, was zum Erreichen dieser Ziele nötig ist. Daraus werden konkrete Maßnahmen
zur Zielerreichung ausgewählt, womit sich der Coachingprozess ver-
vollständigt.

In einem Fallbeispiel wurde mit einem Team von Berater:innen
ein Teamcoaching online durchgeführt.

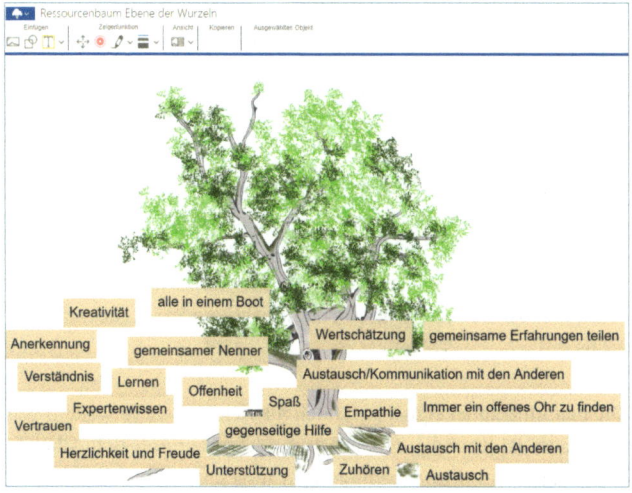

Abbildung 67: Ressourcenbaum im Teamcoaching: Ebene der Wurzeln
(© CAI® World)

Der Ressourcenbaum wurde in den beschriebenen Etappen durch das Team bearbeitet (Abb. 67, 68, 69). Da so viele Kärtchen beschrieben wurden, wurde das Online-Tool dreimal geöffnet.

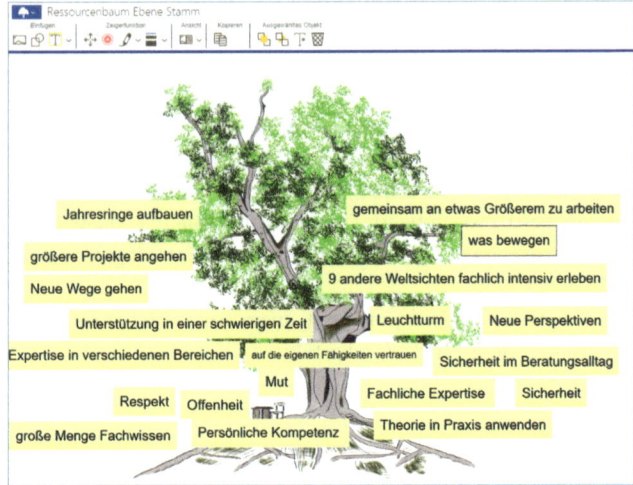

Abbildung 68: Ressourcenbaum im Teamcoaching: Ebene des Stammes (© CAI® World)

Die Kärtchen auf dieser Ebene wurden geclustert und priorisiert in der Reihenfolge, wie das Team diese Themen bearbeiten wollte.

Das Team war nach der Bearbeitung des Ressourcenbaumes geradezu euphorisiert über seinen Team-Geist und voller Tatendrang, weiter zusammen zu arbeiten, selbst wenn das aktuelle Projekt beendet sein sollte.

Die Baummetapher eignet sich noch für viele weitere Anwendungen. Der Baum ist lebendig, er wächst und ist vielen unterschiedlichen Wetterlagen und Umweltbedingungen ausgesetzt. Manchmal müssen alte Äste abgeschnitten werden, damit neue Triebe wachsen können. Er trennt sich von altem Laub, um Neues entstehen zu lassen. Somit

eignet sich die Baummetapher auch für die Themen Loslassen und
Weiterentwicklung.

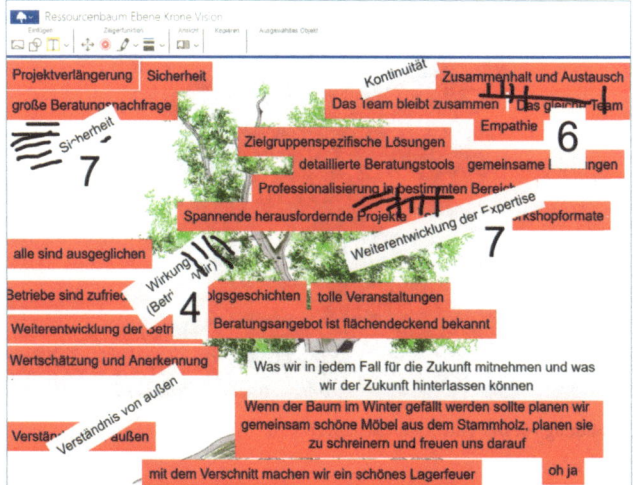

Abbildung 69: Ressourcenbaum im Teamcoaching: Ebene der Krone
(© CAI® World)

7.2.3 Der Entwicklungsbaum

Die Idee des Ressourcenbaums kann noch weiter angereichert werden, so dass der Ressourcenbaum zum Entwicklungsbaum wird. In
der CAI World kann dies z. B. auch mit dem Systembild vorgenommen werden (Abb. 70).

In den Erntekorb können erreichte Ziele, wertvolle Ressourcen
und Erfahrungen eingebracht werden. Es sind noch weitere Bäume
sichtbar, wenn auch noch nicht deutlich, da Nebel über der Landschaft liegt. Doch die Sonne ist aufgegangen und wird bald alles in
helles Licht eintauchen. Somit kann entwickelt werden, was sich dann
zeigen wird. Der Coachingablauf von der Anliegenklärung bis zur
Maßnahmenplanung ist in diesem Bild durchgängig gestaltbar.

Abbildung 70: Der Entwicklungsbaum (© CAI® World)

Der Kreis und die Baummetapher sind so vielfältig einsetzbar, dass allein an diesen Beispielen deutlich wird, wie vorhandene Online-Tools kreativ umgewandelt und dadurch zu einem neuen Tool zu werden können.

Fazit

Online-Anwendungen sind für die Zukunftsfähigkeit von Coaching, Beratung, Supervision und Psychotherapie nicht mehr wegzudenken. Dies bestätigen sowohl Trendstudien als auch die aktuellen Entwicklungen. Damit es sich bei diesen Online-Vorgehensweisen um professionelle und ethisch fundierte Dienstleistungen handelt, ist der Erwerb von Kompetenzen unerlässlich.

Insgesamt betreten Coachs mit Online-Anwendungen eine spannende Bühne, auf der sie ihre Professionalität ausleben und neugestalten können, auf der sie sich aber auch neu erfinden und reflektieren müssen, um dasjenige Profil zu entwickeln, das zu ihnen selbst passt und das sie zukunftsfähig macht.

Die Funktion von Tools im Online-Coaching ist es, Klient:innen auf ihrem Entwicklungs- und Veränderungsweg weiterzubringen. Sie sind das Medium für Musterunterbrechung, Ideengenerierung, Projektion, Erweiterung von Deutungskategorien, Aufmerksamkeitslenkung, Tranceinduktion und Änderung von emotional-physiologischen Zuständen.

Die Faszination für die Arbeit mit interaktiven Online-Tools, der »Methodenzauber«, entsteht im Online-Coaching für Klient:innen und Coachs dann, wenn sich in der Arbeit mit interaktiven Tools Neues erschließt und online mehr möglich wird, als Klient:innen und Coachs zunächst erwarten. Die Interaktivität macht Spaß, was sowohl Coachs in den Coaching-Weiterbildungen rückmelden, als auch Coachees, wenn sie ihre anfängliche, oft noch vorhandene Ablehnung von Online-Coaching aufgegeben haben. Die Ablehnung gründet sich meistens auf die Annahme, dass es sich bei Online-Coaching um Coaching über ein Audio- und Videosystem handelt. Die eigenen Themen mit kreativen und interaktiven Online-Tools zu bearbeiten wird nach Erfahrung der Autorin häufig mit Aussprüchen wie »Toll, Wow. Super«, »Das hätte ich jetzt nicht gedacht«, »Das macht ja Spaß«, »Da kommt man ja wirklich weiter«, usw. bedacht. Interaktivität bedeutet auch, dass ein Tool vorhanden ist, aber nicht statisch, wie ein Bild, eine schematische Darstellung oder ein Textabschnitt. Es werden vielmehr Möglichkeiten geboten, mit vorhandenen beweglichen, veränderbaren Symbolen eigene Assoziationsräume abzubilden und Abläufe zu gestalten. Es wird die Möglichkeit zum unmittelbaren Erleben im eigenen, kreativen Tun geschaffen. Coachs führen durch den Prozess und treffen an bestimmten Stellen des Prozessablaufs die Entscheidung für die Wahl eines Tools. Sie erleben dabei ihre Wirksamkeit und eigene Kreativität.

In der Phantasie eines Kindes kann ein Teddybär der beste Freund werden, eine Puppe wird zur Prinzessin und ein Legoflugzeug erobert das ganze Universum. Ähnlich können Online-Tools im Coaching Zukunftsvisionen erleichtern, ressourcenvolle Zustände aktivieren und gelingendes Probehandeln ermöglichen.

Literaturverzeichnis

Ahn, S. J., Bailenson, J. N., Park, D. (2014). Short-and long-term effects of embodied experiences in immersive virtual environments on environmental locus of control and behavior. Computers in Human Behavior, 39, 235–245.

Ameln, F. von, Kramer, J. (2007). Organisationen in Bewegung bringen. Heidelberg: Springer.

Andersson, G., Cuijpers, P. (2009). Internet-Based and Other Computerized Psychological Treatments for Adult Depression: A Meta-Analysis. Cognitive Behaviour Therapy, 38 (4), 196–205.

Andersson, G., Cuijpers, P., Carlbring, P., Riper, H., Hedman, E. (2014). Guided Internet-based vs. face-to-face cognitive behavior therapy for psychiatric and somatic disorders: a systematic review and meta-analysis. World Psychiatry, 13, 288-295.

Anthony, K. (2015). Psychoanalysis online: Mental health, teletherapy, and training. British Journal of Guidance, Counselling, 43, 171-182.

Batastini, A. B., Paprzycki, P., Jones, A. C. T., MacLean, N. (2021). Sind videokonferenzierte psychosoziale und verhaltensbezogene Gesundheitsdienste genau so gut wie persönlich? Eine Metaanalyse einer schnell wachsenden Praxis. Clinical Psychology Review, Volume 83, 1010944.

Berendt, J. E. (2008). Das dritte Ohr. Vom Hören der Welt. Battweiler: Traumzeit-Verlag.

Berg, T., Berninger-Schäfer, E. (2010). Die Kollegiale Coaching Konferenz®. Stuttgart: Boorberg.

Berger, T., Andersson, G. (2009). Internetbasierte Psychotherapien: Besonderheiten und empirische Evidenz. Psychotherapie Psychosomatik Medizinische Psychologie, 59, 159-170.

Berne, E. (2012). Spiele der Erwachsenen. Psychologie menschlicher Beziehungen. 13. Auflage, Reinbek bei Hamburg: Rowohlt Taschenbuch Verlag. (Zugriff am 02.02.2022)

Berninger-Schäfer, E. (2020). Online-Coaching. Fakten und Mythen. Coaching-Magazin online. https://www.coaching-magazin.de/beruf-coach/online-coaching-fakten-mythen (Zugriff am 02.02.2022).

Berninger-Schäfer, E. (2018). Online-Coaching. Wiesbaden: Springer.

Berninger-Schäfer, E. (2017a). Konfliktcoaching online nach dem CAI-Coaching-Konzept. In Schmid, B., König, O. (Hrsg.). Train the Coach: Konzepte (S. 138–154). Bonn: managerSeminare.

Berninger-Schäfer, E. (Hrsg.) (2017b). Interventionsmethoden im Coaching. Stuttgart: Boorberg.

Berninger-Schäfer, E. (2015). Systemisch lösungsorientierte Bewertungskriterien der Karlsruher Schule. In H. Geißler, R. Wegener (Hrsg.), Bewertung von Coachingprozessen (S. 101–118). Springer Fachmedien: Wiesbaden.

Berninger-Schäfer, E. (2014). Lösungssuche mit Stellvertreter. Avatarbasiertes Coaching. ManagerSeminare, 195, 26–30.

Berninger-Schäfer, E. (2011). Orientierung im Coaching. Boorberg.

Berninger-Schäfer, E., Kineselassie, E. (2018). Formatkompetenz von Coaches. Design von maßgeschneiderten Vorgehensweisen im Coaching. In: R. Wegener, S. Deplazes, M. Hänseler, H. Künzli, St. Neumann, A. Ryter, W. Widulle (Hrsg.), Wirkung im Coaching (S. 163–175). Göttingen: Vandenhoek & Ruprecht.

Blackman, C. (2010). Can avatars change the way we think and act? Stanford Report. http://news.stanford.edu/news/2010/february22/avatarbehaviorstudy-022510.html (Zugriff am 02.02.2022).

Böning, U., Strikker, F. (2020). Coaching in der zweiten Romantik: Abstieg oder Aufstieg? Zwischen individuellem Glücksversprechen und gesellschaftlicher Verantwortung. Wiesbaden: Springer.

Boos, M., Jonas, K. J. (2008). Medienvermittelte Kommunikation. In M. Batinic, M. Appel (Hrsg.), Medienpsychologie (S. 195–217). Springer: Heidelberg.

Bredl, K., Bräutigam, B., Herz, D. (2012). Avatarbasierte Beratung und Coaching in 3D. In: H. Geißler, M. Metz (Hrsg.), E-Coaching und Online-Beratung (S. 121–136). Formate, Konzepte, Diskussionen. Wiesbaden: Springer VS.

Brunner, A. (2009). Theoretische Grundlagen der Online-Beratung. In S. Kühne, G. Hintenberger (Hrsg.), Handbuch Online-Beratung. Psychosoziale Beratung im Internet (S. 27–46). Göttingen: Vandenhoek & Ruprecht.

Damasio, A. (1997). Descartes' Irrtum. Fühlen, Denken und das menschliche Gehirn. München: List.

Döring, N. (2007). Vergleich zwischen direkter und medialer Individualkommunikation. In U. Six, U. Gleich, R. Gimmler (Hrsg.). Kommunikationspsychologie-Medienpsychologie (S. 297–308). Weinheim: Beltz Verlag.

Eichenberg, C., Ott, R. (2011). Klinisch-psychologische Intervention im Internet. Psychotherapeut. Springer-Verlag.

Eilles-Matthiessen, C. (2017). Der Konfliktnavigator. Coaching Magazin. (3) 2017, S. 22–26.

Eilles-Matthiessen, C. (2007). Perspektivenrad. In: Rauen, Ch. (Hrsg.): Coaching-tools II. Bonn: managerSeminare, S. 185–189.

Geißler, H. (2011). Coaching meets Training – zur Lösung des Transferproblems durch »virtuelles Transfercoaching (VTC)«. In M. Loebbert, R. Wegener (Hrsg.), Coaching entwickeln. Forschung und Praxis im Dialog. Wiesbaden: VS Verlag für Sozialwissenschaften | Springer Fachmedien.

Geißler, H., Metz, M. (Hrsg.) (2012). E-Coaching und Online-Beratung. Wiesbaden: Springer.

Gieselmann, A., Pietrowsky, R. (2016). Treating procrastination chat-based versus face-to-face: An RCT evaluating the role of self-disclosure and perceived counselor's characteristics. Computers in Human Behavior, 54, 444–452.

Gigerenzer, G. (2007). Bauchentscheidungen. München: Bertelsmann.

Glasl, F. (2007). Selbsthilfe in Konflikten: Konzepte-Übungen-Praktische Methoden. Stuttgart: Freies Geistesleben.

Graßmann, C., Schölmerich, R., Schermuly, C. C. (2020). The relationship between working alliance and client outcomes in coaching: A meta-analysis. Human Relations, 73 (1), 35–58.

Grant, A. M. (2014). Autonomy support, relationship satisfaction and goal focus in the coach–coachee relationship: which best predicts coaching success? Coaching: An International Journal of Theory, Research and Practice 7 (1), 18–38.

Grant, A. M. (2013). The efficacy of coaching. In J. Passmore, D. B. Peterson, T. Freire (Hrsg.), The Wiley-Blackwell handbook of coaching, mentoring psychology. New York: Wiley Blackwell.

Grant, A. M. (2012). Making Positive Change: a randomized study comparing solution focused vs. problem-focused coaching questions. Journal of Systemic Therapies 31(2), 21–35.

Grawe, K. (2000). Psychologische Therapie. Göttingen: Hogrefe Verlag.

Greif, S. (2008). Coaching und ergebnisorientierte Selbstreflexion. Göttingen: Hogrefe Verlag.

Greif, S., Möller, H., Scholl, W. (2018). Coachingdefinitionen und -konzepte. In S. Greif, H. Möller, W. Scholl (Hrsg.), Handbuch Schlüsselkonzepte im Coaching (S. 1–9). Berlin: Springer.

Harari, Y. N. (2019). 21 Lektionen für das 21. Jahrhundert. München: C.H.Beck.

Heckhausen, H., Heckhausen, J. (Hrsg.). (2010). Motivation und Handeln (4. Aufl.). Heidelberg: Springer.

Holländer, St. (2021). Zoom-Fatique: Was du gegen Online-Müdigkeit tun kannst. https://psylife.de/magazin/homeoffice-zoom-fatigue-corona-psychotherapie (Zugriff am 02.02.2022).

Hüther, G. (2011). Die Macht der inneren Bilder. Göttingen: Vandenhoek & Ruprecht.

Kibéd, M. von, Sparrer, I. (2009). Ganz im Gegenteil: Tetralemmaarbeit und andere Grundformen Systemischer Strukturaufstellungen. Heidelberg: Carl Auer.

Kiesler, S., Siegel, J., McGuire, T. W. (1984). Social psychological aspects of computer-mediated communication. American Psychologist, 39 (10), 1123–1134.

Klein, O. G. (2020). Wer schreibt, der bleibt. Wie selbstreflektierendes Schreiben den Coaching-Prozess vertieft und nachhaltiger gestaltet. Coaching Magazin, (1)|2020, S. 22–26.

Knatz, B., Schumacher, St. (2019). Mediale Dialogkompetenz. Heidelberg: Springer.

Knatz, B. (2009). Medien der Online-Beratung. In S. Kühne, G. Hintenberger (Hrsg.), Handbuch Onlineberatung (S. 59–91). Göttingen: Vandenhoek & Ruprecht.

Kumbier, D. (2016). Aufstellungsarbeit mit dem Inneren Team: Methoden- und Praxisbuch für Gruppen. Stuttgart: Klett-Cotta.

Künzli, H., Deplazes, S. (2020). Kompetenzentwicklung für Online-Coaching. In R. Wegener, S. Ackermann, J. Amstutz, S. Deplazes, H. Künzli, A. Ryter (Hrsg.), Coaching im Digitalen Wandel (S. 30–39).

Künzli, H. (2009). Wirksamkeitsforschung im Führungskräftecoaching. Organisationsberatung, Supervision, Coaching, 16 (1), 4–6.

Künzli, H., Seiger, C. (2011). Evidence-based Coaching und Wirksamkeit. Studientext zum Masterstudiengang Business Coaching und Change Management. Hamburg: Euro FH.

Lehenbauer, M., Stetina, B. U. (2009). Interaktive Programme und virtuelle Simulationen. In S. Kühne, G. Hintenberger (Hrsg.), Handbuch Online-Beratung. Psychosoziale Beratung im Internet (S. 155–166). Göttingen: Vandenhoek & Ruprecht.

Messerschmidt, J. (2015). Das Selbst im Bild. Eine empirische Studie zum Einsatz von Bildmaterialien zur Förderung von Selbstreflexions- und Selbstveränderungsprozessen im Einzelcoaching. Frankfurt am Main: Peter Lang Edition.

Möller, H., Giernalczyk, T. (2019). Psychodynamisches Coaching. In S. Ryba, A., Roth, G. (Hrsg.) Coaching und Beratung in der Praxis (S. 201–228). Göttingen: Vandenhoek & Ruprecht.

Moreno, J. L. (2008). Gruppenpsychotherapie und Psychodrama: Einleitung in die Theorie und Praxis. Stuttgart: Georg Thieme Verlag.

Passmore, J., Peterson, D. B., Freire, T. (2013). The Wiley-Blackwell handbook of the psychology of coaching and mentoring: Wiley-Blackwell.

Pietschmann, D. (2009). Das Erleben virtueller Welten. Involvierung, Immersion und Engagement in Computerspielen. Boizenburg: Werner Hülsbusch.

Ploil, E. O. (2009). Psychosoziale Online-Beratung. München: Ernst Reinhardt.

Poepsel, M. A. (2011). The impact of an online evidence-based coaching program on goal striving, subjective well-being, and level of hope. Harold Abel School of Social and Behavioral Sciences. https://www.semanticscholar.org/paper/The-impact-of-an-online-evidence-based-coaching-on-Poepsel/02cb359dc26216ac1506a4beb62eaf474060a9ea (Zugriff am 02.02.2022).

Rauen, C. (2021). RAUEN Coaching-Marktanalyse 2021. Version vom 02.09.2021. Verfügbar unter https://www.rauen.de/cma/ (Zugriff am 02.02.2022).

Reindl, R. (2015). Psychosoziale Onlineberatung-von der praktischen zur geprüften Qualität. E-beratungsjournal.net, 1 (6), 55–67.

Ribbers, A., Waringa, A. (2015). E-Coaching. Theory and practice for a new online approach to coaching. London: Routledge.

Richter, K. F. (2012). Coaching als kreativer Prozess. Göttingen: Vandenhoek & Ruprecht.

Rogers, C. R. (1972). Die nicht direktive Beratung. München: Kindler.

Rosenberg, R. S., Baughman, S. L., Bailenson, J. N. (2013). Virtual superheroes: Using superpowers in virtual reality to encourage prosocial behavior. PloS one, 8 (1), e55003.

Roth, G. (2003). Aus Sicht des Gehirns. Frankfurt: Suhrkamp.

Roth, G., Ryba, A. (2016). Coaching, Beratung und Gehirn. Neurobiologische Grundlagen wirksamer Veränderungskonzepte. Stuttgart: Klett-Cotta.

Rump, J., Brandt, M. (2020). Zoom-Fatigue. 2. Phase. https://www.ibe-ludwigshafen.de/wp-content/uploads/2021/01/IBE-Studie-Zoom-Fatigue-2-Phase.pdf (Zugriff am 02.02.2022).

Ryba, A., Roth, G. (2017). Integrative Coaching-Praxis mit neurowissenschaftlicher Fundierung. Coaching Magazin. 4|2917, 50–54.

Satir, V. (1978). Meine vielen Gesichter. Wer bin ich wirklich? München: Kösel.

Schermuly, C. C., Graßmann, C., Ackermann, S., Wegener, R. (2021). The future of workplace coaching – an explorative Delphy study. Coaching: An International Journal of Theory, Research and Practice.

Schlippe von, A., Schweitzer, J. (2010). Systemische Interventionen. 2. Auflage. Göttingen: Vandenhoeck & Ruprecht.

Schmidt-Tanger, M. (2014). Coachingfehler-zwischen Hoffnung und Haltung. In A. Ryba, D. Pauw, D. Ginati, St. Rietmann (Hrsg.). Professionell coachen. Ein Methodenbuch: Erfahrungswissen und Interventionstechniken von 50 Coachingexperten (S. 438–446). Weinheim: Beltz.

Schreyögg, A. (2011). Konfliktcoaching: Anleitung für den Coach. Frankfurt am Main: Campus.

Schreyögg, A., Bachmann, T., Dallüge T. (2019). Abgrenzung zu anderen Beratungsformaten. Kompendium mit den Professionsstandards des DBVC https://www.dbvc.de/_Resources/Persistent/9/7/c/5/97c54d38f378d6e-a9b05bb367b8202e844ec82a8/DBVC%20Coaching%20Kompendium%202019.pdf (Zugriff am 02.02.2022).

Schütz, A., Rentzsch, K. (2007). Selbst und Kommunikation. In: U. Six, U. Gleich, R. Gimmler (Hrsg.) Kommunikationspsychologie-Medienpsychologie (S. 118–134). Weinheim: Beltz Verlag.

Schulz von Thun, F. (2013). Das innere Team und situationsgerechte Kommunikation: Kommunikation, Person, Situation. Reinbeck: Rowohlt Taschenbuch.

Schultze, N. (2006). Success factors in Internet-based psychological counseling. CyberPsychology, Behavior, 9, 623-626.

Six, U. Gleich, U. (2007). Kommunikationskompetenz, Medienkompetenz und Medienpädagogik. In U. Six, U. Gleich, R. Gimmler (Hrsg.), Kommunikationspsychologie-Medienpsychologie (S. 271–296). Weinheim: Beltz Verlag.

Six, Gleich, U., Gimmler, R. (2007). Kommunikationspsychologie. In U. Six, U. Gleich, R. Gimmler (Hrsg.), Kommunikationspsychologie-Medienpsychologie (S. 21–50). Weinheim: Beltz Verlag.

Stober, D. R., Grant, A. M. (Eds.) (2006). Evidence based coaching handbook: Putting best practices to work for your clients. New York: John Wiley, Sons.

Storch, M., Krause, F. (2007). Selbstmanagement-ressourcenorientiert. Bern: Huber.

Thomann, Christoph (1998). Klärungshilfe: Konflikte im Beruf. Reinbek bei Hamburg: Rowohlt.

Theeboom, T., Beersma, B., van Vianen, A. E. M. (2014). Does coaching work? A meta-analysis on the effects of coaching on individual level outcomes in an organizational context. The Journal of Positive Psychology. Vol. 9 (1), 118.

Thiery, H. (2014). Telematisierung des Alltags und der Beratung. Philosophische und mediensoziologische Skizzen zu den Möglichkeitsbedingungen digital vermittelter Beratung und Therapie. E-beratungsjournal. net Fachzeitschrift für Onlineberatung und computervermittelte Kommunikation, 2 (2), 54–82.

Trepte, S., Reinecke, L. (2018). Medienpsychologie. Stuttgart: Kohlhammer.

Trepte, S., Reinecke, L. (2013). Auswahl und Gestaltung von Avataren in Computerspielen. Universität Hohenheim. https://medienpsychologie. uni-hohenheim.de/97485 (Zugriff am 02.02.2022).

Velasco, von, C. (2014). Die Lebensuhr. In B. Schmid, O. König (Hrsg.), Train the Coach: Methoden (S. 228–233). Bonn: managerSeminare.

Wagner, B., Horn, A., Maercker, A. (2014). Internet -based versus face-to-face cognitive behavioural intervention for depression: A randomized controlled non-inferiority trial. Journal of Affective Disorders, 152–154, 113–121.

Walther, J. B. (2011). Theories of Computer-Mediated Communication and Interpersonal Relations. In M. L. Knapp, J. A. Daly (Eds.), The SAGE Handbook of Interpersonal Communication (pp. 443–479). Thousand Oaks, CA: Sage.

Watkins, J. G., Watkins, H. H. (2003). Ego-States. Theorie und Therapie. Heidelberg: Carl-Auer-Systeme.

Webers, T. (2020). Die Zukunft des Coachings. Eine Delphi-Studie liefert erste Einblicke. Ein Interview mit Carsten Schermuly. Wirtschaftspsychologie aktuell, (3), 56–61.

Weger, W., Loughnan, S. (2014). Virtually numbed: Immersive video gaming alters real life experience. Psychonomic bulletin & review Rev, 21 (2), 562–565.

Winkler, O. (2017). Anwendung der Gesprächsanalyse als Feedback-Instrument im Chat-Coaching. In Coaching|Theorie und Praxis, (3), 17–27.

Zezula, P., Beer, R. (2012). Theratalk: Ein Online-Portal für Paare und Partnerschaft. In H. Geißler, M. Metz (Hrsg.), E-Coaching und Online-Beratung. Formate, Konzepte, Diskussionen (S. 87–102). Wiesbaden: VS Verlag.